변화의 힘

나를 변화시키는 데 24시간이면 충분하다

KOREKARA 24-JIKAN DE KANARAZU SEICHO SURU HOHO
by Tomohisa Ikuta
Copyright © 2010 Tomohisa Ikuta
All rights reserved.
Originally published in Japan by CHUKEI PUBLISHING CO., LTD., Tokyo.
Korean edition is published by ParaBooks CO., Seoul.
Korean translation rights arranged with
CHUKEI PUBLISHING CO., LTD., Japan
through THE SAKAI AGENCY and B&B AGENCY.

이 책의 한국어판 저작권은 **B&B** 에이전시를 통한 저작권자와의 독점계약으로 도서출판 파라북스에 있습니다. 저작권법에 의해 한국 내에서 보호를 받는 저작물이므로 무단 전재와 무단 복제를 금합니다.

변화의 힘

The Power of Change

이쿠타 토모히사 지음 | 차경숙 옮김

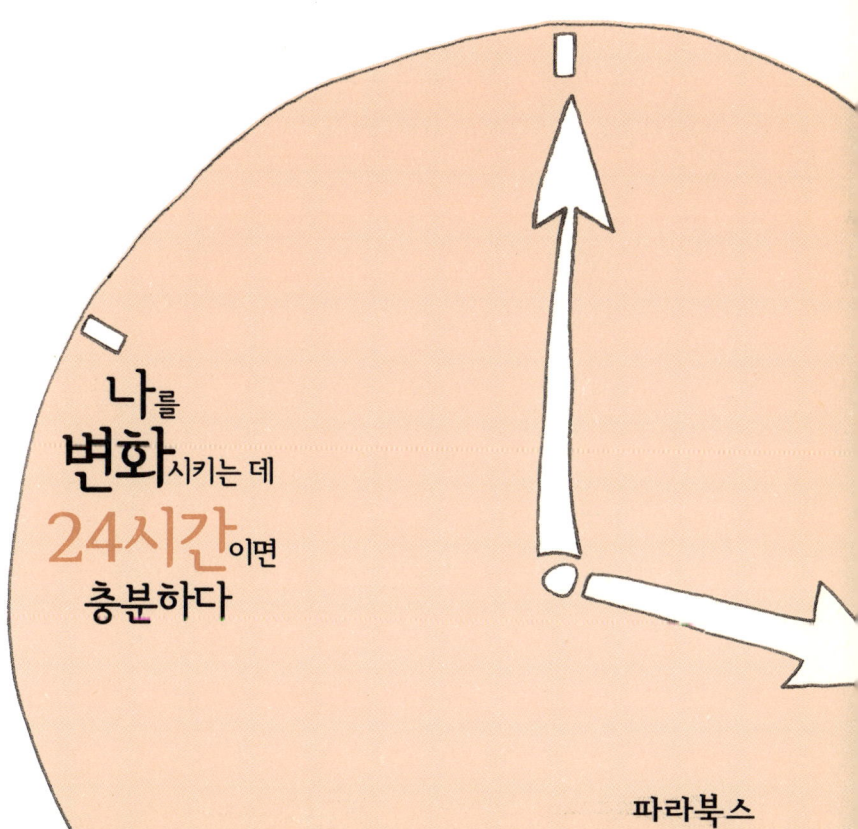

나를 **변화**시키는 데
24시간이면
충분하다

파라북스

Prologue

변화의 카운트다운이 시작된다

당신을 변화시키는
카운트다운이 지금 시작된다.

이 책을 펼친 순간부터 또 새로운 24시간이 시작되었다.
아무리 발버둥 쳐도 두 번 다시
돌아오지 않을 24시간이다.

이 귀중한 시간을 지금까지 그랬던 것처럼
또다시 '그냥 그렇게' 보낼 것인가?
그렇다면 당신을 변화시킬 수 없다.

이 책을 무기로 삼아
'나를 변화시키는 24시간'으로 만들어보자.

당신을 변화시키는 데
24시간이면 충분하다.

이 책은 24시간 만에
'스스로를 변화시키는 프로그램'으로 구성되어 있다.

이 프로그램에 따라 실천하면
24시간 후에는
어제와는 다른 당신을 만나게 될 것이다.

지금까지 많은 책을 읽었는데도
당신은 왜 스스로를 바꾸지 못했는가?
그것은 실천하지 않았기 때문이다.

책을 읽어도 '일리 있는 이야기'라며 고개를 끄덕이거나
'언젠가는 한번 해봐야지' 생각만 하면서
오늘에 이른 것이다.

변화할 수 있는 시간은 바로 '지금'이다.
이 24시간을 기회의 시간으로 삼길 바란다.

당신이 닮고 싶은 사람들,
예컨대, 스티브 잡스, 마크 주커버그 같은 사람들은
어떻게 성공할 수 있었을까?
하루하루를 보다 충실한 24시간으로 만들어
스스로를 변화·성장시켜왔기 때문이다.

주어진 시간은 모두 같다.

그 주어진 24시간을 어떻게 활용해,

자신의 성장으로 연결시킬 것인가?

이것이 당신이 그들처럼 되는 데 관건이 될 것이다.

"Your time is limited,

so don't waste it living someone else's life."

"시간은 제한되어 있다.

다른 사람의 인생을 사느라 시간을 낭비하지 마라."

이것은 잡스가 스탠포드대학의 졸업식에서 연설 중에 했던 말이다.

자, 지금부터는

남을 탓하거나 사회 탓으로 돌리지 말고,

회사나 다른 사람에게 휩쓸리며 사는 것도 그만두자.

이제부터는 자신의 시간을 살아가자.

전 세계가 불경기라서 경제성장도 기대할 수 없다.

하지만 당신이 성장할지 못할지는

당신 자신에게 달려 있다.

이 책은 그런 당신을 전적으로 지지하고 도울 것이다.

먼저, '나를 변화시키는 6가지 힘'부터 소개한다.

자신을 변화시키기 위해서는 '6가지 힘'이 필요하다.

1. 질문하는 힘
2. 생각하는 힘
3. 결단하는 힘
4. 실행하는 힘
5. 끌어들이는 힘
6. 배우는 힘

이것은 내가 4만 명의 사회인과 학생들을
시도하면서 얻은 결론이다.
이 가운데 어느 하나가 부족해도
자신을 변화시켜 나갈 수 없다.

이 6가지 힘은 톱니바퀴처럼 맞물려 있기 때문에
어느 하나라도 멈추면 전체가 멈춰버린다.
모든 톱니바퀴가 원활하게 돌아가면
당신은 점차 성장할 수 있을 것이다.

자, 당신을 변화시킬 마음의 준비는 되었는가?
먼저, 첫 번째 힘인 '질문하기'로
자기변혁을 시작해보자.

나를 변화시키는 6가지 힘

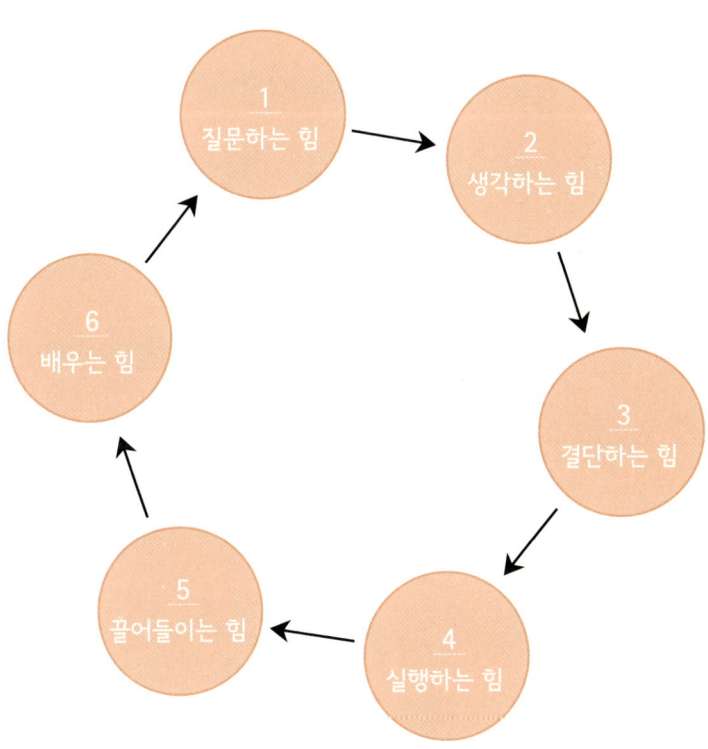

Contents

Prologue
변화의 카운트다운이 시작된다 • 4

질문하는 힘

Introduction
먼저 '질문하는 힘'을 익히자 • 18

00:00
변화의 시작, 자문자답 • 22

01:00
가치를 만들어내는 질문 • 28

02:00
동기부여를 더하는 질문 • 37

03:00
선입견에서 벗어나는 질문 • 45

Practice List
'질문하는 힘'을 키우는 실행 리스트 • 48

02 생각하는 힘

Introduction
인생을 결정하는 '생각의 힘' • 52

04:00
시간의 축 옮기기 • 56

05:00
가치를 만드는 생각 • 59

06:00
꿈을 이루는 최고의 수단 • 65

07:00
생각의 깊이를 더하는 기술 • 68

Practice List
'생각하는 힘'을 키우는 실행 리스트 • 76

03 결단하는 힘

Introduction
결단 없이는 전진도 없다 • 80

08:00
행동을 이끄는 결단의 힘 • 84

09:00
결단을 방해하는 것들 • 89

10:00
명쾌한 판단 • 91

11:00
꿈을 현실화하는 상상 • 95

Practice List
'결단하는 힘'을 키우는 실행 리스트 • 102

04 행동하는 힘

Introduction
가장 큰 차이를 만드는 '행동의 힘' • 106

12:00
갈 데까지 가라 • 110

13:00
제한된 시간자원 • 117

14:00
시간을 충실하게 보내는 방법 • 123

15:00
아는 것과 행동하는 것 • 126

Practice List
'행동하는 힘'을 키우는 실행 리스트 • 132

05 끌어들이는 힘

Introduction
꿈은 혼자 이룰 수 없다 • 136

16:00
에피소드의 공유 • 140

17:00
꿈은 말하라 • 144

18:00
화법보다 중요한 에피소드 • 147

19:00
공감을 끌어내는 듣기 • 152

Practice List
'끌어들이는 힘'을 키우는 실행 리스트 • 160

06 배우는 힘

Introduction
다른 사람의 지혜를 장착하라 • 164

20:00
나만의 컨설턴트 • 168

21:00
습관화 상태 • 171

22:00
기억력을 높이는 방법 • 175

23:00
배움을 확대 재생산하는 방법 • 180

Practice List
'배우는 힘'을 키우는 실행 리스트 • 182

Epilogue
갈고 닦으면 누구나 빛난다 • 186

01
질문하는 힘
The Power of Asking

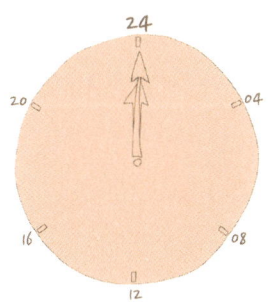

Introduction 먼저 '질문하는 힘'을 익히자

00:00 변화의 시작, 자문자답

01:00 가치를 만들어내는 질문

02:00 동기부여를 더하는 질문

03:00 선입견에서 벗어나는 질문

Practice List '질문하는 힘'을 키우는 실행 리스트

Introduction

먼저 '질문하는 힘'을 익히자

가장 먼저 익혀야 할 힘은 '질문하는 힘'이다. 질문하는 힘이 있는 사람과 없는 사람의 성장속도에는 큰 차이가 있다. 여기에서 '질문하는 힘'이란 자문자답自問自答하는 능력을 말한다. 시간이 지남에 따라 아무런 생각이 없는 사람과 스스로 묻고 스스로 답을 이끌어내는 사람 사이에는 점점 차이가 생기게 마련이다. 예를 들어, '나의 꿈은 무엇인가?', '오늘 하루의 목표는 무엇인가?', '할 수 있는 사람과 할 수 없는 사람의 차이는 무엇인가?'와 같은 질문을 항상 하는 사람은 스스로 변혁을 일으킬 수 있다.

어려운 일이 닥쳤을 때, 보통 사람은 그저 힘들어하면서 우울한 상태에 빠져 있을 뿐이지만, 성장하고 있는 사람은 다르다. '왜 괴로운 일이 일어났을까?', '이처럼 괴로운 일이 일어난 의미는 무엇인가?', '그러면 어떻게 하면 좋을까?'를 생각해서 답을 이끌어낸다. 뉴턴은 떨어지는 사과를 보고 만유인력의 법칙을 발견했다고 한다. '사과는 왜 아래로 떨어질까?'라고 질문하는 데서 그 모든 것이 시작된 것이다.

그런데 많은 사람들은 질문하는 것을 귀찮게 생각한다. 질문을 무지에서 비롯되는 것이라고 판단하고, 심지어 질문하는 것을 부끄러워하기도 한다. 하지만 세기의 천재라 불리는 아인슈타인조차 질문하는 힘의 중요성을 강조했다.

"중요한 것은 끊임없이 질문하는 것이다. 호기심은 그 자체로 존재이유가 있다."

또 성 아우구스티누스는 질문한다는 것은 '어렴풋이 알고 있는 사실이나 사물을 구체적으로 깨닫거나 이해하는 과정'이라고 설명한다. 그래서 질문하는 순간 이미 우리는 그 질문에 관한 답을 알고 있다는 것이다. 다시 말하면, 질문은 흐리고 불분명한 대상을 선명하고 분명히 인식하게 만드는 힘이 있다는 것이다.

  뉴욕의 유명한 커뮤니케이션 컨설턴트인 도로시 리즈는 자신의 저서 ≪질문의 7가지 힘≫에서 질문의 유용성을 7가지로 정리했다.

첫째, 질문을 하면 답이 나온다.
둘째, 질문하면 논리적으로 생각하게 된다.
셋째, 질문하면 그에 대한 구체적인 정보를 얻게 된다.
넷째, 질문함으로써 자신을 자연스럽게 변화시키는 동시에 적절한 통제가 가능해진다.

다섯째, 질문은 상대방의 마음을 열게 한다.
여섯째, 질문은 경청하게 한다.
일곱째, 질문에 답을 하다 보면 설득이 된다.

그러므로 사회조직이나 가족, 친구같이 가까운 사이에서도 서로간의 소통뿐만 아니라 긍정적인 변화를 일으키기 위해서는 활발한 물음과 답변은 필수불가결하다.

이 장에서는 자기변혁에 결코 없어서는 안 되는 '질문하는 힘'을 익혀 나가도록 하자.

변화의 시작, 자문자답

질문만 던져도 변화가 시작된다

"이 펜은 얼마일까요?"
"제 혈액형은 무엇일까요?"
"제 발은 몇 센티미터일까요?"

나는 가끔 아무래도 좋은, 엉뚱한 질문을 할 때가 있다. 그러면 질문받은 상대방은 생각을 하기 시작한다. 예컨대, 내 발 크기에 대해 질문하면 상대방은 "몇 센티미터일까?", "대략 28센티미터 아니면 29센티미터쯤?", "어쩌면 30센티미터 이상? 설마 그 정도는 아니겠지" 하고 생각하기 시작한다.

상대방에게는 애당초 흥미도 없고 아무 상관도 없는, 그야말로 '아무래도 좋은 것'인데도 생각을 하게 되는 이유는 무엇일까? 왜 내 발 크기에 마음을 쓰게 되었을까? 그것은 '질문'이 만들어졌기 때문이다. 내가 한 질문이 상대방의 사고에 영향을 미친 것이다.

애당초 내 발 크기 따위를 묻는 질문은 '어떻게 말해도 되는 질문'이며 '어떻게 말해도 되는 정보'이지만, 그래도 '질문'을 받음으로써 상대는 내 발을 의식하게 되었다. 그러면 '아무렇게나 해서는 안 되는' 양질의 질문을 한다면 어떨까? 양질의 의식을 갖게 되어 양질의 정보를 끌어내게 되지 않을까?

어린아이가 이 세상을 이해해 나가는 과정은 수많은 '질문'에서 시작된다. "저건 뭐야?", "이건 뭐라고 해?" 하는 식이다. 그렇게 질문을 반복하면서 아이는 주변 세계를 이해하고 성장해간다. 하지만 주변에 대해서 어느 정도 알게 되면 대부분 질문을 멈춰버린다. 거기에서 성장이 멈추는 것이다.

모든 것은 '질문'에서 시작된다. 그리고 '질문'을 계속하는 한 성장은 멈추지 않으며, 계속해서 변화할 수 있다.

망설이는 동안에는 아무것도 바뀌지 않는다

　결과를 얻으려면 스스로 생각하고 스스로 행동하는 것이 중요하다. 생각하기 위해서는 '질문'이 필요하고, 좋은 생각(혹은 답)은 '좋은 질문'에서 나온다.

　자신이 가진 능력도 제대로 발휘하지 못하는 사람은 스스로 질문하는 힘, 즉 '자문력'이 다른 사람들과 비교가 되지 않게 약하다. 자문하지 못하면 자답할 수 없고, 자답할 수 없으면 생각의 진전이 있을 수 없다. 그저 '어떻게 하지'라고 중얼거리며 시간만 보낼 뿐이다.

　'어떻게 하지'라고 중얼거리는 것은 질문이 아니다. 그저 난처한 마음을 나타내는 한탄일 뿐이다. 그렇게 중얼거리는 동안에는 자신을 조금도 바꿀 수 없다. '어떻게 하지' 하며 한탄하는 대신 질문을 해야 한다. 예컨대, "그렇다면 어떻게 하는 것이 좋을까?" 식의 질문으로 바꾸는 것이다.

　　한탄: '나를 바꿀 수 없어, 어떻게 하지…….'
　　질문: '자, 어떻게 하면 나를 바꿀 수 있을까?'

한탄: '사람들과 사귀기 어려워. 어떻게 하지······.'

질문: '그럼 어떻게 하면 사람들과 잘 사귀게 될까?'

어떤 문제를 만났거나 고민이 있을 때, 한탄을 질문으로 바꾸어가는 것, 질문하는 힘을 발휘하는 것, 이것이 바로 첫 번째 성장비결이다. 당신의 고민을 '질문'으로 바꾸어보라. 그 효과와 영향력을 금방 알게 될 것이다.

모든 것은 질문에서 시작된다

성장과 변화는 질문에서 시작된다. 진리는 답이 아니라 질문에 있기 때문이다. 스스로 묻는 사람은 스스로 답을 얻게 되어 있다.

대답 만들기

이번에는 대답을 만들어보자. 질문은 했지만 대답을 이끌어내는 것을 막막해하는 사람들이 의외로 많다. 그러나 대답을 만드는 아주 간단하고 효과적인 방법이 있다. 내게는 비장의 방법인 셈이다.

먼저, 수첩이나 노트 등 종이를 준비한 다음 거기에 자신의 고민이나 희망을 적는다. 그리고 그 밑에 '그 고민을 해결하려면', '그 희망을 실현하려면'이라고 적고, 사각형의 빈칸을 만들어놓는다.

지금 나의 고민: 나를 바꾸는 방법을 모르겠다.
고민을 해결하려면: ☐

지금 나의 희망: 사람들과 스스럼없이 사귀고 싶다.
희망을 실현하려면: ☐

빈칸 따위가 무슨 의미가 있겠냐는 생각이 들지도 모른다. 하지만 빈칸의 힘은 상당하다. 우리의 뇌는 빈칸을 그대로 두는 것을 싫어한다. 비어 있는 부분을 채워넣고 싶어서 어떻게든 답을 내려고 한다. 그래서 자동적으로 사고를 시작한다.

> **Key Point**
>
> **대답을 이끌어내는 요령**
>
> 빈칸을 보면 뇌는 자동적으로 사고를 시작하고 채우고 싶어한다. 이런 마음을 이용해 질문에 대한 답을 이끌어낸다. 예를 들어 보자.
>
> "사랑이란 ☐ 이다."
>
> "무례한 사람과 잘 지내려면 ☐ 하는 것이 좋다"

THE POWER OF ASKING

가치를 만들어내는 질문

앞에서 설명한 것처럼, 질문을 만들고 그에 대한 대답을 이끌어냄으로써, 고민을 해결하고 희망을 이루기 위한 첫 걸음을 내디딜 수 있다. 이 방법으로 고민의 90% 정도는 스스로 해결할 수 있다. 늘 고민은 하지만 스스로 답을 이끌어내지 못하는 많은 사람들에게, 또 '어떻게 하지'라며 걱정하고 한탄하면서도 사고가 정지되어 있는 사람들에게 자연스럽게 해결책을 찾는 방법이 될 것이다.

그럼 여기에서는 '질문하는 힘'을 더욱 익히기 위해 질문에 대해 구체적으로 알아보자. 어떤 상황에 어떤 질문을 하는 게 좋을지 좀 더 구체적으로 살펴보자.

질문 없이는 변화도 없다

어느 날 거리를 걷다가 오랫동안 보지 못했던 고등학교 동창생과 우연히 마주쳤다고 가정해보자. 당신과 그 동창 사이에 이런 대화가 오간다.

"오랜만에 동창회라도 해볼까?"
"다음에 느긋하게 한잔하자."

그럼 과연 그후에 동창회는 열렸을까? 느긋한 술자리는 마련되었을까? 아마 대부분은 인사치레로 끝나고 말 것이다. 동창회는 열리지 않고 모처럼의 인연은 또다시 물거품이 되고 말았을 테다.

만약 진심으로 동창회가 열리기를 바란다면 어떻게 해야 할까? 여기에 특별한 능력이 필요한 것은 아니다. 질문만 던지면 된다. 바로 그 자리에서 '지금 할 수 있는 일은 무엇인가?'라는 질문을 던진다면, 저절로 사고가 진행되어 구체적인 행동으로 이어질 것이다.

"동창회 한번 하자", "느긋하게 한잔하자"는 말로는 현실화되지 않지만, 이때 필요한 질문, "그러면 어떻게 할 것인가?"와 같은 질문을 던져보는 것이다.

미래를 상상하는 힘

눈치 빠른 독자라면 벌써 눈치 챘겠지만, 사고를 진행시키는데 효과적인 단어가 있다. 바로 '그러면?'이다. 이 '그러면'을 좀 어렵게 설명하면, '앞에서 언급한 사항을 받아 다음 사항으로 이끄는 접속사'이다.

따라서 이것은 '현재'에서 '미래'를 만들어내는 마법의 단어인 것이다. '그러면?'이라고 질문을 던져 나아가면 지금 결정할 수 있는 일, 지금 할 수 있는 일, 그리고 다음에 결정할 일, 다음에 할 수 있는 일이 명확해진다.

만약 동창회를 열 생각이라면, 동창회가 열리기까지의 순서나 지금 할 수 있는 일, 꼭 해야 하는 일 등을 다음과 같이 '그러면?'이라는 질문을 던지면서 명확하게 한다.

"동창회를 했으면 좋겠어!"

"그러면 지금 할 수 있는 일은 무엇일까?"

"대략적인 일정과 장소, 누구에게 총무를 맡길지 정도는 정할 수 있겠다."

"그러면 날짜는?"

"○월 ○일쯤은 어때?"

"그러면 누구한테 총무를 맡길까?"

"○○한테 맡기자."

"그러면 바로 ○○한테 전화해볼까?"

"전화가 안 되는데……. 그럼 오늘밤에 다시 전화해보자. 일단 문자부터 보내놓자."

"그러면 장소는 어디로 정할까?"

"지난번 카페도 괜찮을 것 같아."

이렇게 "그러면?", "그러면?", "그러면?"이라고 질문을 계속해가면 원하는 미래가 현실화된다. 현재의 상태를 근거로 한 사고가 미래에까지 이르러 '지난번 카페에서 동창회를 하고 있는 이미지'가 보이게 된다. 약속이 잊히지 않고 실현되려면 적어도 '현재'와 '미래'가 머릿속에서 연결되어야 한다. 그렇지 않으면 약속은 실현되지 못한 채 잊히고 만다.

기억하자. '그러면?'은 현재와 미래를 연결해 현재에서 미래를 만들어내는 마법의 단어라는 것을.

> **Key Point**
>
> **미래를 현실화하는 가장 간단한 방법**
>
> 현재에서 미래를 만들어내는 마법의 단어, '그러면?'을 기억하자. '그러면?'이라고 계속해서 질문을 해나가면 많은 것이 명확해진다. 예를 들면, 지금 결정할 일, 지금 할 수 있는 일, 그리고 다음에 결정할 일, 다음에 할 수 있는 일이 명확해진다.

가치를 만드는 방법

꿈을 이루고 싶을 때는 '그러면?'을 사용해 질문을 하면 된다고 했다. 그럼 애초에 자신의 꿈이 무엇인지를 모를 때에는 어떻게 하면 좋을까?

자신에 대해 가장 잘 아는 사람은 바로 자신이다. 그러나 실제로는 자신이 무엇을 원하는지, 어떻게 해야 행복해지는지 알지 못하는 사람이 의외로 많다. 심지어 '내 꿈'이 뭔지 몰라 다른 사람에게 묻는 사람도 있다. "무엇을 하면 좋을까요?" 하고 말이다. 하지만 이렇게 해서는 답을 얻을 수 없다. 자신에 대한 답은 결국 자신에게서 찾아야 하기 때문이다.

그렇다면 자신의 꿈이 무엇인지 모를 때, 다른 사람에게 묻는 대신 스스로에게 질문을 해보자. 그럴 때에 위력을 발휘하는 말이 바로 '~이란?'이다. 이것을 사용해 질문을 던지면 모든 일의 의미가 분명해진다.

'나의 꿈이란?'이라고 스스로에게 다시 한 번 물어보자. 그리고 그와 관련하여 구체적인 사항들을 생각해보자. 예를 들면 이런 것들이다. 당신은 언제 기쁨을 느끼나? 언제 행복을 느끼나? 누구를 보면 '저렇게 되고 싶다'는 생각이 드는가?

나의 꿈은?

"사람들을 행복하게 만들고 싶다."

다른 사람들을 행복하게 하는 일이란?

"편안하고 안락한 휴식을 제공하는 것……."

편안하고 안락한 휴식을 제공하는 직업이란?

"호텔리어."

이처럼 '~이란?'을 반복하면 막연하고 추상적이던 일도 더욱 구체화되고 현실성을 갖게 된다. '~이란?'에는 구체화시키는 힘이 있다. 추상적인 것이나 자신과는 관계가 없던 주변의 것도 새롭게 가치를 찾아내어 자신에게 어떠한 의미가 있는지를 구체화시키는 힘이 있다.

정의가 결정되면 해야 하는 일도 결정된다

예를 들어, 당신이 취업을 준비하고 있고 입사지원서나 이력서, 자기소개서와 같은 서류를 작성하려 한다고 가정해보자. 이런 서류들을 엔트리 시트$^{Entry\ Sheet}$라고 하는데, 이때 먼저 '엔트리 시트란 무엇인가?'라고 물어보아야 한다. 그리고 '엔트리 시트는 자기 자신을 소개하는 팸플릿이며, 인사부에 자신이라는 상품을 팔기 위해 프레젠테이션 하는 툴이다'라고 정의했다고 하자.

엔트리 시트가 팸플릿이라면, 거기에는 인사부에서 '이 사람을 채용하고 싶다'고 생각하게 만드는 핵심 카피가 필요하다. 그러기 위해서는 설명문이나 논설문보다는 '광고 문장을 작성하는 기술'을 공부해야 한다. 이 경우, 기승전결을 고려한 작문 실력보다 단적으로 자기다움을 표현하기 위한 카피라이팅 기술이 필요하기 때문이다.

'~이란?'이라고 질문을 던지는 것은 이렇게 중요한 의미를 띤다. 이 질문으로 정의가 결정되고, 정의가 결정되면 '해야 하는 일'이 명확해지기 때문이다.

더욱 구체화시키는 방법

질문을 통해 우리는 할 일을 확인하고 명확하게 만드는 방법을 익혔다. 그러나 이것만으로는 부족함이 있다. 좀 더 구체적이고 상세히 할 필요가 있다. 이럴 때 우리가 할 수 있는 방법은 간단하다. 질문을 반복하는 것이다.

　예를 들어, 스스로 의욕이 없다는 생각이 들어 '의욕을 내자'라는 목표를 세웠다고 하자. 지금까지의 당신이라면 '좋아, 의욕을 내는 거야!'라고 생각하거나 속으로 외침으로써 목표를 달성하려 했을 것이다. 그리고 '의욕을 내자, 내자……'라는 생각을 반복하지만, 그동안 실제로는 아무 일도 하지 못하고 시간을 보내버렸을지도 모른다.

　질문의 힘을 이용하면 어떨까? '~이란?'의 힘을 사용하면 '의욕을 내자'는 막연한 목표도 구체화시킬 수 있다. 또 추상적인 것을 바로 실행 가능한 구체적인 행동으로 마무리할 수 있다. 예컨대, '의욕을 내는 요령이란?'이라고 질문을 하는 것이다. 그러면 '스스로에게 주는 포상을 준비한다', '트위터나 페이스북과 같은 네트워크를 이용한다' 등의 구체적인 행동을 찾을 수 있다.

　이처럼 추상적인 개념을 구체적인 행동으로 이끌어낼 때에도 질문하는 힘은 발휘된다.

02:00
THE POWER OF ASKING

동기부여를 더하는 질문

감정과 이론, 양면에서 동기부여

이유나 원인을 파악하고자 할 때 우리가 던지는 질문은 '왜?'이다. 그리고 '왜?'라는 질문으로 도출되는 대답은 크게 3가지 패턴으로 나뉜다.

1. 원인   2. 목적   3. 이론

예를 들면, 만화책을 주로 출간하는 △△출판사의 입사시험에서 면접관으로부터 "왜 우리 회사에 지원하셨습니까?"라는 질문을 받았다고 하자. 이때 이런 대답들이 가능하다.

"어렸을 때부터 귀사가 출간하는 〈주간 소년 ○○○○〉을 읽어왔는데, 어린 시절을 함께한 그 잡지를 이제 직접 만들고 싶기 때문입니다."

이 대답은 '원인'을 명확히 하고 있다.

"많은 사람들이 즐거워하는 세상을 만들고 싶습니다. 그러기 위해서는 만화가 최선의 수단이라고 생각합니다. 그래서 귀사에 지원했습니다."

이 대답은 '목적'을 명확히 하고 있다.

"저는 만화를 만들고 싶습니다. 만화는 재미있을 뿐 아니라 인간의 건전한 성장을 가져옵니다. 이러한 사실은 심리학적으로도 증명되고 있습니다."

이 대답은 '이론'을 명확히 하고 있다.

그런데 여기에서 우리가 주목해야 할 부분이 있다. 원인과 이유를 묻는 이 질문과 여기에서 도출되는 대답에서 강한 동기부여가 이끌려 나온다는 것이다. 특히 '과거의 체험'과 '올바른 이론'이 연결될 때, 바람직한 결과를 위한 강한 동기부여가 발휘된다.

일반적으로 사람은 위에서 밝힌 3가지 패턴 가운데 어느 한 가지로도 행동을 일으킬 수 있는데, 이 3가지가 명확해지면 '감정적인 동기부여'와 '이론적인 동기부여'가 동시에 일어난다. 따라서 일반적으로 사람은 감정적으로도 이론적으로도 명확한 답을 찾으면 자신이 목표로 하는 비전이나 꿈을 향해 힘차게 돌진하는 힘을 얻게 된다.

공부에 대한 의욕이 생기지 않을 때에는 스스로에게 '왜 공부를 하는가?'라는 질문을 해보라는 조언을 들은 적이 있을 것이다. 실제로 그런 질문으로 동기부여를 높였던 경험도 있을지 모르겠다. 그러나 대부분의 경우 그다지 성공적이지 못했을 것이다. 적어도 동기부여를 장기간 유지하지는 못했을 것이다. 이 경우 원인·목적·이론 가운데 하나만 생각하기 때문이다.

그렇다면 한 가지 방향에서만이 아니라, 원인·목적·이론의 3방향에서 '왜?'를 생각하면 어떨까? 예를 들어, 영어 공부에 어려움을 겪는다고 가정했을 때, 먼저 공부하는 원인 혹은 이유를 찾는 것이다. 그리고 그렇게 찾은 이유가 "영어로 말하지 못해 곤란했던 경험이 있다"라고 하자.

다음은 목적을 찾아야 하는데, "일의 폭을 넓혀서 보수를 올리고 싶다" 등이 있을 수 있다. 그리고 마지막으로는 이론에 대한 정리를 해야 한다. 여기에서 이론이란 감정이 아니라 객관적으로 공부하면 어떻게 될지를 분석하는 것이다. "영어에 능숙해지면 나날이 가속화되는 국제화 속에서 유리하다" 등이다.

이처럼 원인·목적·이론, 3가지 모두를 명확히 하면 단순히 원인(혹은 이유)만을 찾을 때보다 자기 행동의 의미가 더욱 명확해진다. 그리고 그 행동을 하기 위한 동기부여를 더욱 굳건히 할 수 있다.

강한 동기부여를 바랄 때

뭔가를 할 때 그 이유에 대해 질문한다.

"왜 영어 공부를 하는 걸까?"

이때 단순히 원인만 찾지 말고 3가지 패턴으로 답을 생각한다.

- 원인: 영어로 말하지 못해 곤란한 경험을 했다.
- 목적: 일의 폭을 넓혀 보수를 올리기 위해 필요하다.
- 이론: 영어에 능숙해지면 국제화 물결 속에서 유리하다.

당장 필요한 행동을 찾는 질문

앞에서 우리는 지금 이 순간을 기점으로 미래까지의 과정을 사고할 수 있는 질문에 대해 알아보았다. 바로 '그러면?'을 사용해 질문을 던지는 것이다. 그렇다면 반대로 '미래에는 이러한 내가 되고 싶다', '내 꿈은 이러한 것이다' 등으로 '미래'를 먼저 정한 경우에는 어떤 식으로 질문을 던지면 좋을까?

이런 경우, '그러기 위해서는?'이라는 질문이 도움이 된다. 미래를 먼저 정했다면 '그러기 위해서는?'이라는 질문을 던져 미래의 모습을 이끌어내고, '지금 취해야 할 행동'을 명확히 하는 것이다. 예컨대, '행동력이 있는 내가 되고 싶다'고 한다면 다음과 같이 질문하고 답한다.

"행동력이 있는 내가 되고 싶다!"
그러기 위해서는?
"한번 정한 일은 정확히 행동하자."
그러기 위해서는?
"행동기준이 될 만한 규칙 10개를 만들고 지키자."
그러기 위해서는?

"약속을 습관화하자."

그러기 위해서는?

"수첩에 약속을 기록해서 날마다 의식하도록 하자."

'미래로부터 지금을' 분석하는 방법은 이렇게 이루어진다. 다른 예로 '행동력에 대한 책을 읽자'라고 결정했다면 다음과 같이 할 수 있겠다.

"행동력에 대한 책을 읽자!"

그러기 위해서는?

"퇴근길에 행동력에 관한 책을 사러가자."

그러기 위해서는?

"잊지 않도록 휴대전화에 알람을 맞춰놓자."

이처럼 질문은 미래에 이루어지기를 바라는 것을 위해 지금 행동을 이끌어내는 힘도 있다. 이 경우 질문하는 요령은 간단하다. '그러기 위해서는?'을 계속해서 묻는 것이다.

또 다른 예를 들어보자. 길을 걷는데 멋진 자동차가 달려가는 모습을 봤다고 하자. 지금까지의 당신이라면 '아아, 저런 차를 사고 싶다……'로 끝났을지도 모른다. 그러나 오늘부터는 다르다. '그러기 위해서는?'을 사용하면 어떤 효과가 있는지 이미 알기 때문이다.

"저런 차를 사고 싶다."

그러기 위해서는?

"돈이 필요하다."

그러기 위해서는?

"성과수당을 더 받자. (혹은 적금을 들어야 한다.)"

그러기 위해서는?

"일을 열심히 하자! (혹은 지출을 줄여야 한다.)"

이처럼 지금해야 할 일을 구체적인 미래에서부터 이끌어내어 구체화한다면, 당신이 원하는 어떤 미래라도 손에 넣을 수 있다.

미래를 현실화하는 방법

미래와 현실을 연결하고 싶을 때에는 먼저 미래를 상상하고, 미래에 얻기를 원하는 것에서 지금의 행동을 이끌어내야 한다. 그러기 위해 필요한 질문은 두 가지이다.

우선 '지금 일어나고 있는 일'에서 '미래'를 상상하는 접속사, '그러면?'을 이용해 질문한다. 그런 다음 '미래'에서 '지금'을 이끌어내는 접속사, '그러기 위해서는?'을 이용해 질문을 계속한다.

정리하자면, '지금의 행동'과 '미래의 이미지'를 연결시키려면 단 2가지만 마스터하면 된다. 바로 '그럼?'과 '그러기 위해서는?'을 이용해 질문하고 답하는 것이다.

THE POWER OF ASKING

선입견에서 벗어나는 질문

어느날 길에서 평소 알고 지내는 A씨와 마주쳤다. 당신은 그에게 말을 걸려고 한다. 그런데 A씨는 당신을 무시하듯이 그냥 지나간다. 이런 상황에서 당신은 어떤 생각을 하는가? 보통 우리는 이렇게 생각하기 쉽다.

'혹시 A씨가 나를 싫어하는 걸까?'

그후 당신은 A씨에게 말을 걸기가 껄끄러워진다. 인사하기도 불편해지고 가능하면 피하게 된다. 한편, 당신의 행동에 A씨도 '이유는 모르지만 요즘 날 피하는 것 같다'고 생각하게 된다. 그리고 두 사람 관계가 삐걱거리기 시작한다.

그런데 그날 길에서 A씨는 정말 당신을 무시하고 지나간 걸까? 어쩌면 A씨는 당신을 보지 못했을 수도 있다. 시력이 나쁘거나 깊은 생각에 빠져 있었는지도 모른다. 그런데도 그 일 하나로 당신은 'A씨가 나를 싫어할지도 모른다'고 생각했고, 시간이 지나면서 이런 생각은 당신을 선입견에 빠지게 만들었다.

우리는 이런 경우를 더 경험한다. 그리고 선입견을 갖는 것이 우리의 사고를 왜곡하고, 심지어 사고의 폭을 좁혀 시야가 좁은 사람이 되게 한다는 것을 알고 있다. 하지만 의식적인 노력을 하지 않으면 자기도 모르는 사이에 아주 작은 일로도 아주 쉽게 선입견에 사로잡히고 만다.

의식적인 노력이라고 해서 어려운 것은 아니다. 이런 경우에 필요한 것도 질문이다. 스스로에게 질문을 던져보는 것이다. '정말 그럴까?' 하고. 결정적인 근거도 없이 어떤 생각에 사로잡히려는 순간, "정말?"이라는 단순한 질문 하나로 선입견에 빠지는 것을 막고, 다양한 가능성을 염두에 두게 된다. 그러면 자연히 당신의 해석도 바뀌게 된다.

사고가 깊지 못한 사람은 생각이 단편적이고 단선적이게 되며, 시야가 좁아지기 쉽다. 그리고 그때 형성된 가치관은 '선입견'으로 남게 된다. 하지만 '정말로 그런 것일까?'라고 스스로 질문한다면, 사고방식이나 가치관이 변경되어 선입견이 생기지 않고, 이미 생긴 것도 수정된다. '그렇지 않을 가능성'을 열어 두게 되거나, 부정적인 감정을 긍정적인 감정으로 바꿀 수 있기 때문이다.

이런 질문을 받았다고 가정해보자.

"당신은 역사에 이름을 남길 만한 사람이 될 수 있을까?"

아마도 많은 사람이 '그런 굉장한 사람이 된다고? 불가능해……. 부모님도 평범한 사람인데……'라고 생각할지도 모른다. 그러나 나는 감히 이렇게 묻고 싶다. "정말?"이냐고.

우리의 사고는 '상식'이나 '선입견', '과거의 자신'에게 지배받는다. 따라서 틀에서 벗어난 사고를 하는 것은 쉽지 않다. 그렇다고 불가능한 일도 아니며 그렇게 어려운 일도 아니다. 스스로에게 질문하는 습관만으로 가능하기 때문이다. '정말?'이라고 묻는 질문의 힘을 사용하면 된다. 실제로 해보면, 온갖 가능성이 새록새록 생겨난다는 것을 알게 될 것이다.

'아무래도 힘든 일일 거야……'라는 생각이 들 때에도 스스로에게 질문해보자.

"정말?"

Practice List

'질문하는 힘'을 키우는 실행 리스트

- 주변 일에 대해 하나하나 의문을 가지고 생각해보자.
- '어떻게 하지……'는 절대 금지! 대신 "그러면 어떻게 할까?"를 생각하자.
- 의문을 수첩이나 노트에 적고 그 밑에 빈칸을 만들어서 대답을 이끌어내자.
- 무엇인가를 할 생각이라면, 항상 자신에게 "그러면 어떻게 할까?" 하고 질문을 던져보자.
- 애매한 상태로 내버려두었던 개념에 대해서도 질문을 던져보자. '~이란?'이라고 질문을 던지면 개념이 명확해진다. 또 애매한 목표도 구체화하고 행동으로 연결하는 힘이 있다.
- 의욕이 생기지 않을 때는 '왜 그것을 해야 하는가?'를 묻고, 3가지 패턴, 즉 원인·목적·이론으로 답하자.

- 꿈과 목표를 구체화하기 위해서는 '그러기 위해서는 무엇을 하면 좋은가?'라고 질문하자.
- 아무래도 내게는 무리라는 생각이 들면 '정말?'이라는 질문을 던져보자. 또 이 세상의 온갖 사상事象들을 곧이곧대로 받아들이지 말고 '정말?'이라고 우선은 의심해보자.

02
생각하는 힘
The Power of Thinking

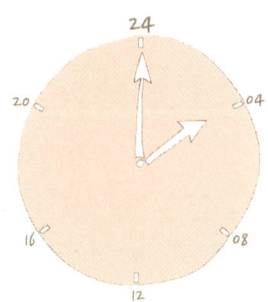

Introduction 인생을 결정하는 '생각의 힘'

04:00 시간의 축 옮기기

05:00 가지를 만드는 생각

06:00 꿈을 이루는 최고의 수단

07:00 생각의 깊이를 키우는 기술

Practice List '생각하는 힘'을 키우는 실행 리스트

Introduction

인생을 결정하는 '생각의 힘'

지금까지 우리는 '질문하는 힘'의 중요성에 대해 이야기했다. 모든 일은 '질문하기'를 통해 의미를 갖고 가치를 띠게 된다. 이것은 지금부터 알아볼 '생각하는 힘'과 연결되는 것이기도 하다. '생각하기' 역시 지금까지와는 다른 인생을 위해서는 매우 중요하다. 인생을 바꾸는 힘을 가지고 있다.

생각하는 힘에 대해 여러 권의 책을 펴낸 제임스 알렌은 "사람의 마음이란 정원과 같다"고 말한다. 정성껏 보살필 수도, 황폐해지도록 내버려둘 수도 있다는 말이다. 물론 어떤 경우든 싹은 틔게 마련이다. 하지만 씨앗을 뿌리고 공들여 가꾼 사람은 원하는 꽃과 열매를 거두지만, 그대로 방치하면 동물이나 바람 등에 실려온 씨앗에서 움튼 잡초들이 아끼는 화초마저 해치고 만다.

아무튼 한 가지는 분명하다. 당신의 정원에서도 무엇인가는 반드시 자라게 된다는 것이다. 이 정원은 다름 아닌 당신의 마음이자 생각이다. 이 정원의 현재 상황을 파악하고 앞으로 어떻게 만들어갈 것인가를 결정하는 것은 당신이다.

여기에서 중요한 것은 현재의 상황을 만드는 것도 당신이라는 것이다. 현재의 모든 상황은 당신의 생각에서 나왔다. 현재의 상황을 만들어줄 여러 생각 가운데 당신이 선택한 것이 당신 삶의 모습을 구체화시킨 것이다. 그러므로 상황을 좌지우지하는 생각, 사고방식을 바꾸면 당신도 성공힐 수 있다. 그리고 이 세상에서 할 수 없는 일은, 자신이 못 한다고 생각하는 그 일밖에 없다는 것을 기억하자.

누구에게나 똑같이 하나인 세상, 불경기인 것도 똑같다. 그런데도 성공하는 사람이 있고 성공하지 못하는 사람이 있다. 이유는 '생각하는 것'이 다르기 때문이다. 일어나고 있는 일에 대해 무엇을 어떻게 생각하는가, 즉 생각의 차이가 인생의 차이를 낳는 것이다.

예를 들어, 누군가에게 비난이나 비판을 받았다고 치자. 이런 경우 보통은 풀이 죽거나 반대로 역정을 낸다. 여기에서 생각하는 힘을 발휘하면 상황은 달라진다. 이미 일어난 일, 즉 비난이나 비판을 받았다는 사실은 "무엇을 의미할까?"를 생각하는 것이다. 그러면 자신의 결점을 찾거나, 다른 사람에게 자신이 어떻게 보이는지를 발견하게 된다. 그게 아니면 비난이나 비판을 한 그 사람의 성격을 이해하게 되기도 한다. 실제로 많은 경우, 당신에 대한 그 사람의 평가는 당신의 상황보다는 그 사람의 상황을 더 잘 보여주기도 한다. 어느 쪽이든 당신이 가진 '생각하는 힘'을 이용하면, 비난이나 비판을 받았다고 풀이 죽거나 역정을 낼 일이 없어진다.

"책장을 넘기기만 하는 학자는 결국에는 생각하는 능력을 완전히 잃고 만다. 책장을 넘기지 않을 때에도 생각하지 않는다."

이것은 프리드리히 니체의 말이다. 사람은 그저 책을 읽기만 한다고 성장하지는 않는다. 책을 읽고 지식을 얻으면서 생각하는 것, 지식을 어떻게 살릴지를 생각하는 것, 다시 말해 '생각하는 힘'이야말로 성장하게 하고 점점 더 그 속도를 높이는 것이다.

시간의 축 옮기기

미래에서 현재로 질문하기

"3년 후에 10억 원을 벌 수 있을까?"

난데없는 질문이지만, 한번 생각해보자.

'3년 후, 10억? 그건…… 아무래도 무리지.'

보통은 이렇게 생각해버리고 만다. 그리고 그렇게 생각하고 믿어버리는 순간, 당신의 사고는 정지하고 만다. 실제로는 무리가 아닐지도 모르고 가능한 일일지라도 당신이 그렇게 믿는 순간, 당신의 사고도 당신의 미래도 바뀌지 않는다.

그럼 질문을 바꿔보자.

"당신은 3년 후에 10억 원을 벌게 된다. 대체 어떻게 해서 그만한 거금을 벌게 될까?"
"3년 후에 10억 원을 벌게 된다고? 어떻게? 외국계 회사로 옮겨 엄청난 실적을 내고, 그래서 엄청난 성과급을 받게 되는가…….'

어떤가? 이런 식으로 생각이 나아가지 않겠는가? 그렇다. '10억 원을 번다'는 전제 위에 질문을 던졌기 때문에, 이 경우 불가능하다거나 무리라는 생각부터 하는 사람은 거의 없다. 사고가 앞으로 나아가는 것이다.

'그만한 돈을 벌 수 있는 이유는 무엇일까?'
'굉장한 기회를 만나는 걸까?'
'어떤 기회?'
'내 생각에 공감해주는 거물을 만나는 것은 아닐까?'
'신상품을 개발하는 것은 아닐까?'
'10억 원의 가치를 만들어내는 아이디어가 내게 있는 것은 아닐까?'

이런 식으로 사고하는 것은 발상을 넓혀 생각을 진행시키려 할 때 매우 유효하다. 상상조차 하지 못하는 것은 실현하기 어렵지만, 상상할 수 있는 것은 실현 가능성도 부쩍 높아지기 때문이다.

'다음 주에 애인이 생긴다면, 무슨 일이 있는 걸까?'
'5년 후 해외에 별장을 갖게 된다면, 무슨 일이 있는 걸까?'
'10년 후 노벨상을 수상한다면, 무슨 일이 있는 걸까?'

이처럼 사고에서 시간의 축을 미래로 옮겨 '~이 이루어진다면 무슨 일이 있는 걸까?'를 생각하면, 발상이 넓어져 사고가 앞으로 계속 나아가게 된다.

Key Point

시간의 축을 미래로

생각이 지금에 매여 있으면 모든 일이 어려워 보인다. 생각 속 시간의 축을 미래로 옮겨 사고의 폭을 넓히면 어떤 일도 가능하다. 미래를 구체적으로 상상하라. 당신이 상상하는 만큼 실현 가능성은 높아진다.

가치를 만드는 생각

모든 일에는 의미가 있다

일반적으로 괴로운 경험은 부정적인 이미지로 남는다. 하지만 모든 일에는 나름대로 의미가 있다. 최악의 경우에서 깨달음을 얻었다는 사람들의 이야기를 더러 들었을 것이다. 게다가 부정적인 일이 시간이 지나면서 자신에게 '가치 있는 일'로 바뀌기도 한다. 문제는 그 일의 참된 의미를 깨닫는 것이다.

우선, 생각해보자.

'그 일은 괴로운 경험이었다. 하지만 정말로 괴롭기만 했는가? 나에게 그 일의 의미는 무엇이었나?'

모든 일에는 의미가 있다. 이것은 성공철학에서 빠지지 않고 등장하는 말이다. 확실히 그렇다. 스스로 '그 일은 정말로 괴로운 일이었나?'를 되묻고, 그에 대한 대답을 자신에게 적용시킬 수 있다면 인생에서 일어나는 모든 일이 의미 있는 것이 된다. 그리고 인생에서 무의미한 일은 사라지게 된다.

매사에 긍정적인 사람과 부정적인 사람의 차이도 여기에서 비롯된다. 긍정적인 사람은 항상 생기가 넘치고 하루하루를 즐겁게 보내며, 웬만한 스트레스도 잘 이겨낸다. 반면 부정적인 사람은 사소한 일에도 쉽게 침울해지고 늘 불만에 가득 차 있다. 이 같은 차이는 일상생활에서만이 아니라 직장생활에서도 드러난다. 긍정적인 사람은 일을 하는 데 의욕이 넘치고 자신의 장점을 잘 살려 일에서도 좋은 성과를 올린다. 하지만 부정적인 사람은 자신의 약점을 없애는 데만 매달리다 장점까지 잃어버리고 만다. 성과가 좋지 않은 것은 물론이다.

그렇다고 부정적인 사람이 긍정적인 사람들에 비해 어려운 일을 자주 당하거나 늘 부정적인 상황에 놓이는 것은 아니다. 그런데도 이토록 큰 차이가 나는 까닭은 의외로 작은 데에서 비롯된다. 이미 벌어진 일을 받아들이는 방식이 다르다는 것이다. 바로 벌어진 일의 의미를 찾아내느냐 못 찾아내느냐에 달려 있는 것이다.

　인생에서 일어나는 모든 일에 '어떤 의미가 있는 걸까?'를 생각하지 않으면, 어떤 일에서도 가치를 찾아낼 수 없다. 괴로운 경험이라고 해도 마찬가지다. 그것을 통해 다른 사람의 마음을 이해하는 사람으로 성장하지는 않았는가? 그렇다면 긍정적인 의미는 충분하다.

　여기에서 중요한 것은 성공한 때에도 의미를 물어야 한다는 점이다. '실패한 때'만이 아니라 '성공한 때'도 의미를 묻는 것이다. 예컨대, '나는 어떻게 잘 팔리는 책을 만들 수 있었던 걸까? 아이디어를 낸 것은 나지만, 그 아이디어를 형상화해준 편집자들, 그리고 판매에 노력해준 영업자들 덕분은 아닐까? 비즈니스는 혼자서는 불가능하다는 사실을 배웠다……'라는 식이다.

　실패를 반성하고 그 의미를 찾는 사람은 있지만, 성공의 의미를 제대로 묻고 생각하는 사람은 그다지 많지 않다. 일이 잘 진행되었다고 마냥 좋아하며 손 놓고 있지 않고 성공의 의미를 냉정하게 생각하는 사람만이 다음 성공을 손에 넣을 수 있다.

　자신을 바꿀 수 있는지 없는지, 나아가 성장하고 성공할 수 있는지 없는지는 '일어난 사실'이 아니라 그에 대해 '무엇을 생각했는가?'가 좌우한다. 일어난 사실이 무엇이든 가능하면 많은 의미를 찾고, 그 일을 가치 있는 일로 바꾸어라. 그리고 그 가치를 당신 것으로 만들어라. 당신의 성공이 여기에 달려 있다.

목적을 정하면 일의 의미가 바뀐다

다음 질문에 대해 생각해보자.

"오늘의 목표는 무엇인가? 오늘을 사는 목적은 무엇인가?"

갑작스런 질문에 당황할지도 모르겠다. 하지만 24시간 만에 성장하여 달라진 자신을 만나기 위해서는 목적을 갖고 살 필요가 있다. 목적을 갖고 살면 보다 충실한 시간을 보낼 수 있고, 그런 시간이 모이면 성장할 수 있다.

목적을 갖고 살면 일상의 사소한 일에도 의미가 생긴다. 예를 들어, '사람을 감동시키는 비즈니스를 하고 싶다!'는 목적을 갖고 디즈니랜드에 갔다고 생각해보자. 그러면 '이렇게까지 하다니!', '이건 정말 못 당해내겠는걸', '아니야, 나도 질 수는 없지', '그러면 이런 아이디어는 어떨까……' 하며 작은 것 하나하나에서 깨닫게 된다.

반면, 목적이 명확하지 않으면 미키마우스를 봐도 '귀엽군' 하고 끝난다. 디즈니랜드에 설치되어 있는, '감동 비즈니스'를 성공시키는 수많은 고안들은 그냥 지나쳐 버린다. 뿐만 아니라 '언제나 복잡하다', '오늘도 몇 시간 동안 줄을 섰다', '입장요금이 비싸다' 등, 부정적인 의미만 보고 느끼기 쉽다. 목적을 갖고 있는지 아닌지에 따라 모든 일에서 찾을 수 있는 의미가 바뀐다.

'목적이 명확해지면 해석이나 의미가 바뀐다'는 것을 실감하게 하기 위해, 나는 세미나에서 다음과 같은 과제를 실시할 때가 있다.

"지금부터 30초 안에 주변에 있는 것들을 사용해서 자동차를 표현해주세요."

이런 과제가 주어지면 '페트병을 차체에 비유하자', '뚜껑을 타이어로 사용하자', '휴대전화를 차체로 하는 것은 어떨까' 등등 다양한 아이디어들이 나온다. 그리고 점점 자동차가 만들어진다. '자동차를 표현한다'는 목적이 명확해짐으로써 페트병의 뚜껑이 타이어로 바뀌고 휴대전화가 차체가 되기도 한다. 목적이 명확해짐으로써 해석이 바뀌어 주변의 자원이 목적 달성을 위한 재료가 되거나 수단이 된다.

많은 에피소드나 과거의 체험도 해석의 힘에 따라 긍정적으로 바뀔 수 있다. 우선은 당신이 무엇을 하고 싶은지를 명확히 해서 매일 목적을 갖고 지내보라. 당신에게 일어나는 모든 일이 단순한 추억이 되거나 그저 지나간 시간에 그치지 않고, 당신 자신을 바꾸는 에너지가 될 것이다.

Key Point

이미 일어난 일에서 가치를 찾는 사람

자신을 바꿀 수 있는지 없는지, 나아가 성장하고 성공할 수 있는지 없는지는 이미 일어난 일에 대해 '무엇을 생각하는가?'에 달려 있다. 일어난 일이 무엇이든 거기에서 가능하면 많은 의미를 찾고, 그 일을 가치 있는 일로 바꾸어라. 그리고 그 가치를 당신 것으로 만들기 위해 당신이 하고 싶은 일이 무엇인지, 즉 목적을 분명히 하라. 당신의 성공이 여기에 달려 있다.

꿈을 이루는 최고의 수단

정말 극복해야만 하는 문제일까?

눈앞에 문제가 있으면 대부분의 사람은 그 문제를 극복하기 위한 방법을 찾는 데 필사적이 된다. 하지만 그토록 필사적으로 생각하고 노력해야 하는 이유는 뭘까? 만약 그 문제를 극복한 다음에 얻고 싶은 결과, 즉 '목표'가 없으면 극복할 의미가 없다.

눈앞의 문제를 해결하는 것이 반드시 '목표를 달성하는 데 가장 좋은 방법'일까? 눈앞의 문제를 해결하지 않고서는 목표를 달성할 수 없는 경우도 있지만, 때론 그렇지 않은 경우도 있다.

예를 들어보자. '이성에게 인기 있는 사람이 되고 싶다'는 생각을 했고, 그에 이어 '돈이 있으면 좋지 않을까?', '어떻게 하면 돈을 벌 수 있을까?'를 생각하게 되었다고 하자. '인기 없다'는 문제를 해결하기 위해 '돈을 갖는다'는 수단을 선택한 것이다. 그래서 돈을 벌었다고 하자. 그런데도 인기가 없다면 무엇이 잘못된 걸까? 이성에게 인기 있는 사람이 되겠다는 목적을 위해 선택한 수단이 잘못된 것이다.

목적을 이루기 위해 가장 중요한 것

그렇다면 자문자답해보자. '인기 있는 사람의 조건은 무엇일까? 정말로 부자가 되면 인기가 있을까?' 아니면 '돈보다는 자신감 있는 사람, 혹은 대화가 통하고 공감능력이 있는 사람이 되어야 하는 건 아닐까?'

사실 자신감이 있어야 일이 잘되고, 일이 잘되어야 돈도 손에 넣을 수 있다. 그러나 돈이 있어도 자신감이 없다면 인기는 없기 마련이다. 또 다른 사람에게 호감 가는 사람이 되겠다는 목표에 걸맞은 수단으로 다른 사람과의 공감을 선택하는 것이 더 타당할지도 모른다.

'인기'라는 목적지에 도착하기 위해 취해야 하는 수단이 '돈을 번다'는 것이 아니라, '자신감 있는 사람, 혹은 공감할 줄 아는 사람이 된다'는 것을 알면 '돈을 번다'는 문제를 극복할 의미는 없어진다. 따라서 눈앞에 어떤 문제가 부각되면 '그 문제를 해결하는 것이 목적을 달성하기 위한 최선인가'를 먼저 확인해야 한다.

잘못된 수단을 찾는 것과 비슷한 경우로, 어떤 목적을 위해 시작한 일(수단)이 어느 새 목적이 되어버려서 본질을 잃고 마는 경우도 있다. 예컨대, 세상을 좋게 만들겠다고 시작한 비즈니스가 어느 사이에 돈벌이로만 치달아서 오히려 세상에 좋지 않은 일을 하게 되기도 한다.

항상 '무엇을 위해' 그 행동을 하는지를 스스로에게 묻고, 목적을 계속 의식하는 것이 중요하다. 원래의 목적은 사라지고 수단이 목적이 되어버리지 않도록 주의해야 한다.

생각의 깊이를 더하는 기술

생각의 힘을 키우는 아웃풋 요령

뭔가를 배웠거나 익히고 싶을 때 복습이 중요하다는 것을 우리는 알고 있다. 학생이었을 때 가장 많이 들은 말도 '복습하라'는 것이었다. 하지만 학생이었던 그때도 성인이 된 지금도 복습하기란 쉽지 않다. 더욱이 지금은 학생이었을 때보다 훨씬 더 어렵다.

그래도 우리는 뭔가를 기억하고 싶을 때 혹은 배울 때, 그 내용을 그대로 베끼거나 중요한 부분에 선을 긋는다. 하지만 이것만으로는 사고력을 키울 수 없다. 단순히 베끼거나 줄을 긋는 것만으로는 기억을 온전하게 하거나 자기 안에서 각인되게 만들 수는 없기 때문이다.

뛰어난 사고력을 가진 사람이나 전략적 사고를 하는 사람은 내용을 그대로 베끼거나 줄을 긋는 것이 아니라, '그럼 나의 경우에는 어떻게 하면 좋은지?'를 생각하고 그에 대한 답까지 함께 적는다. 또는 배운 것에서 한걸음 더 나아가 발상한 것까지 기록한다. 사고하는 데 게으르지 않고, 사고를 위해 끊임없이 스스로에게 질문하는 것이다.

질문으로 발상을 넓힌다

예를 들면, '꿈을 이루는 데 필요한 것은 열정이다'라고 배웠다고 하자. 그것을 그대로 '꿈을 이루기 위해 열정이 필요'라고 옮겨 쓰지만 말고, 거기에서 더 나아가 이렇게 생각해보는 것이다.

'나에게 열정이 있을까?'
'있다면 얼마나 강할까?'
'마크 주커버그와 비교하면 어떨까?'

'마크 주커버그와 비슷한 정도의 열정을 가지려면 어떻게 하면 좋을까?'

이런 식으로 생각해 나아가면, 단 하나의 배움에서도 사고는 크게 넓어진다. 그리고 '지금까지는 열정이 부족했지만 이렇게 하면 열정을 가지고 몰두할 수 있을까?'를 다시 생각하면서 스스로 사고를 분석해 나가면 된다.

생각의 깊이를 더하는 '인풋-아웃풋' 법칙

생각의 힘을 키우고 싶다면 노트를 '인풋 20%, 아웃풋 80%'로 맞추는 것이 이상적이다. 세미나에서 좋은 것을 듣거나 책에서 중요한 내용을 읽어 노트에 적는다면, 그 4배의 페이지를 '질문 던지기'와 '사고하기'에 할애하는 것이다. 그러면 노트는 인풋 20%, 아웃풋 80%가 된다.

무엇을 질문하고 생각하는가는 앞에서 말한 그대로다. 다음과 같은 질문을 던져 느낀 점을 구체화하고 개념을 명확히 해서 실행을 향해 나아가는 것이다.

'그럼 (나라면) 어떻게 할까?'

'ㅇㅇ이란 무엇인가?'

Key Point

인풋과 아웃풋을 함께 관리

세미나에 참석할 경우 강의내용 가운데 일부를 그대로 받아 적거나 줄을 긋는 정도로만 그친다면, 그 내용을 온전히 자기 것으로 만드는 데에도 사고의 깊이를 더하는 데에도 성공하지 못할 것이다. '인풋 20%, 아웃풋 80%'로 노트정리를 해 사고의 깊이를 더해야 한다.

이해를 높이는 시각화

사고력을 높이고 싶다면 사물을 '시각화'해보기를 제안한다. 시각화한다는 것은 도표나 그래프 같은 그림으로 나타낸다는 말이다. 그림으로 설명할 수 있어야만 사물을 이해했다고 말할 수 있다. 시각화할 수 없다면 그것은 '이해의 정도가 애매함'을 나타낸다.

지식을 얻었을 때 그대로 글로 옮겨 적지 말고, 그림이나 도표로 메모하는 것이 이상적이다. 메모를 그림이나 도표로 시각화함으로써, 논리관계가 분명해지거나 추상적이었던 것이 구체화되어 더욱 현실에 가까이 다가가기 때문이다.

그림으로 나타내는 것의 장점은 아무래도 깊은 이해가 필요하다는 것이다. 예컨대, 내용을 간단한 동그라미들로 정리한다고 해보자. 그러면 동그라미와 동그라미를 이을 때 어느 쪽이 근거이고 어느 쪽이 결론인지를 이해하지 못한다면 연결할 수가 없다. 인과관계인지 병렬관계인지 포함관계인지 파악해야 그림으로 그릴 수 있고, 그렇게 관계를 파악하는 동안 이해가 깊어지고 배운 내용이 완전히 파악된다.

그림으로 나타내는 것에는 또 다른 장점이 있다. 바로 프레젠테이션에 강해진다는 것이다. 요즘은 일반적으로 파워포인트 같은 컴퓨터 프로그램을 이용해 작성한 자료로 프레젠테이션을 하는데, 이때 긴 문장으로 적힌 자료보다는 그림으로 잘 정리된 자료를 사용하는 것이 효과적이다.

따라서 평소 뭔가를 배운 뒤에나 책을 읽은 뒤에 그 내용을 그림으로 나타내두면, 프레젠테이션 자료를 만드는 일이 쉬워지며, 예기치 못하게 프레젠테이션을 의뢰받았다 해도 신속하게 대처할 수 있다. 게다가 그 그림들은 깊은 이해를 바탕으로 그려진 것들이므로 설명을 할 때는 물론 질문을 받을 때에도 쉽게 대응할 수 있게 된다.

상상할 수 없는 일은 현실화할 수 없다

시각화가 중요한 이유는, 직접 그림으로 아웃풋할 수 있으면 이해가 깊어지는 것은 물론이고 실제로 사용할 수도 있기 때문이다. 마찬가지로 머릿속에서 상상할 수 없는 것은 현실화할 수 없다. 예를 들면, 당신이 영어 공부를 하려고 마음먹었다고 해보자. 머릿속에서 '당신이 영어 공부를 하고 있는 모습'을 상상해보라. 상상 속의 당신은 집중하고 있는가? 제대로 단어 공부를 하고 있는가? 성과를 올리고 있는가?

공부 습관이 들지 않은 사람은 '공부에 집중하고 있는 자신'을 상상할 수 없을 때가 있다. 머릿속의 자신이 도중에 공부를 팽개치고 게임을 시작한다거나 금방 싫증이 나서 만화를 읽기도 한다. 이처럼 상상 속에서 집중할 수 없다면 현실에서 집중하는 것도 불가능하다. 반대로 말하면, 머릿속에서 상상할 수 있는 일은 무엇이든 가능하다고 할 수 있다. 영어로 유창하게 말하는 자신을 상상할 수 있다면, 그것은 가능하다.

이제 다시 상상해보라. '나는 어떤 공부를, 어느 정도로 하고 있는가?' 등등. 이렇게 해서 '현재의 당신'과 '이상의 당신'이 상상 속에서 연결되고, 이때 현실화는 시작된다.

그런데 만약 공부에 집중하지 못한다면, '어떻게 하면 공부에 집중할 수 있을까?', '공부에 집중하고 있다면 그것은 왜일까?'를 자문자답해보자. '하루 10분만 공부한다면 집중할 수 있다' 또는 '게임이나 만화책이 없는 도서관에서 공부하면 집중할 수 있다', '아침 일찍 일어나서 공부하면 집중할 수 있다' 등등 '공부에 집중할 수 있는 이유'를 생각해내고, 다시 한 번 머릿속에서 '그렇게 하면 집중할 수 있는가?'를 시뮬레이션해본다.

정리해보자. 목표를 세웠다면 그것을 달성할 수 있는지를 상상해보자. 그리고 그럴 수 없다면 더욱 깊이 생각한다. '이 정도면 가능하다!'는 확신이 들고 그 방법을 상상할 수 있으면, 그 방법은 자기 것이 된다. 이미 꿈은 이루어지기 시작한다.

이해력은 시각화하는 능력

이해력은 보고 듣는 순간 알아듣는 정도를 말하는 것이 아니다. 보고 들은 내용을 시각화해서 현실화하는 것이 진정한 이해력이다. 그리고 이것은 상상하는 능력으로 이어진다. 상상함으로써 꿈은 이루어지기 시작한다.

Practice List

'생각하는 힘'을 키우는 실행 리스트

- 이루고 싶은 일이 있다면, 우선 시간의 축을 미래로 옮겨 그것이 '이루어져 있는 상황'을 전제로 사고해보자.
- 일어난 일은 모두 '의미'를 생각해보아야 한다. 힘든 일이나 싫은 일은 물론 잘 이루어지거나 성공한 일에도 그 '의미'를 생각해야 성장할 수 있다.
- '오늘의 목표'를 정하자.
- 고민이나 문제가 있는 경우, 고민하기 전에 그것이 '극복해야 하는 것'인지부터 따져보자.
- 꿈이나 목표를 달성하는 가장 적절한 수단을 생각하자.
- 배웠거나 책에서 익힌 내용을 메모하거나 노트에 적을 때, 단순히 옮기는 것이 아니라 '자신의 생각'도 함께 적자.
- 정말로 이해했는지, 시각화해서 명확히 하자.

- 현실화하고 싶은 것은 먼저 '머릿속에서 구체화'시켜보자.
- 목적을 달성하는 방법은 '이것이라면 가능하다!'고 생각되는 것으로 하자.

03
결단하는 힘
The Power of Diciding

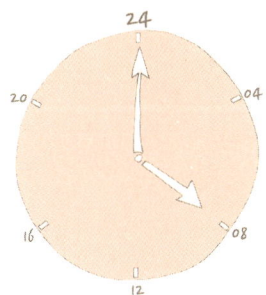

Introduction 결단 없이는 전진도 없다

08:00 행동을 이끄는 결단의 힘

09:00 결단을 방해하는 것들

10:00 명쾌한 판단

11:00 꿈을 현실화하는 상상

Practice List '결난하는 힘'을 키우는 실행 리스드

Introduction

결단 없이는 전진도 없다

인생은 선택이나 결단의 연속이다. 무엇을 할지 말지, A로 할지 B로 할지……, 우리는 매순간 선택하고 결정한다. 서점에 가서 어떤 책을 살지 선택하는 것도 결정이다. 또한 이 책을 살 것인지 말 것인지도 결정한다. 그리고 그러한 결정이 쌓여서 당신의 인생을 형성해 나간다. 하나하나는 작지만 그것들이 쌓여서 만들어내는 것은 커다란 힘이다. 따라서 결정하는 힘을 익히는 것은 매우 중요하다.

우리는 늘 최선의 선택을 하기 위해 다양한 선택지에 대해 오랫동안 고민하는 경우가 종종 있다. 하지만 매번 최선의 선택을 할 수 있는 것은 아니다. 오히려 최선의 선택을 하는 경우는 매우 드물다. 왜냐하면 세상은 불확실하고 돌발적인 변수가 너무나 많으며, 적절한 선택을 했다고 해도 시간적인 부분까지 일치하여 최선의 결과를 가져오기란 거의 불가능에 가깝기 때문입니다.

또한 어떤 선택에 따른 행동을 할 때, 그것이 늘 최선일 것이라고 장담하기는 어렵다. 우리 인간은 불완전한 존재이기에 늘 일관성 있게 최선의 행위를 한다는 것은 거의 불가능에 가깝다.

그렇다고 최선의 선택을 포기할 수는 없다. 늘 최선의 선택을 하기 위해 노력하고, 무엇이 최선일지 관심을 가지고 고민해야 한다. 하지만 그것이 결과적으로 늘 최선일 것이라는 기대는 버리는 것이 좋다. 다만 선택을 한 후에는 자신의 판단에 확신을 가지고 결단력 있게 추진해 나가는 것이 진정으로 중요한 것임을 깨달아야 한다.

결단력은 자신의 잠재된 능력을 최대한 끌어올려 추진력에 힘을 더한다. 그래서 결단력이 있는 사람은 능력이 부족하더라도 자신의 능력을 최대한 발휘하여 어느 정도의 성과물을 만들지만, 결단력이 없는 사람들은 일을 미루거나 최선을 다하지 못해 일을 그르치기 십상이다.

오늘날 많은 사람들이 불투명한 앞날과 예측이 불가능한 세상에서 불안을 안고 살아간다. 이러한 때일수록 스스로 결정하는 힘이 필요한데, 실제로는 그 중요성을 깨닫지 못하는 사람들이 의외로 많다.

"미래는 다른 사람의 억지 이론으로 결정되는 것이 아니다. 자신의 의지로 선택해서 개척하는 것이다."

이것은 애니메이션 〈기동전사건담 SEED〉에서 아스란 자라가 한 말이다. 미래를 만드는 것은 다른 누가 아니라 바로 당신 자신이다. 타인의 억지 이론이 아닌 자신의 힘으로 결정하는 힘을 이 장을 통해 익히기 바란다.

또 여기에서 중요한 것은 '초심을 잊어서는 안 된다'는 것이다. 이 말은 초심을 기억하는 것은 물론이고 '몇 번이고 처음으로 돌아가라'는 말이다. 따라서 '잊지 못할 초심을 만드는 것'도 중요하다.

비행기는 이륙할 때 가장 많은 에너지를 사용한다. 날아오르는 순간에 가장 많은 에너지를 집중시키기 때문에 높이 날 수 있는 것이다. 인생도 마찬가지다. 무엇인가를 결정하고 결단할 때는 되도록이면 큰 에너지를 동원하라. 그러면 하늘 높이 날아오를 수 있으며, 웬만해서는 떨어지지 않는다.

행동을 이끄는 결단의 힘

행동하기 전에 강한 결단부터

'행동이 중요해. 일단 무조건 하고 보는 거야!'

어떤 일을 할 때 이렇게 생각하지는 않는가? 실제로 일단 부딪치고 행동하다 보면 이루어진다고 말하는 사람들이 있다. 하지만 무턱대고 움직여도 자신이 바뀌지 않으면 꿈은 이루어지지 않는다. '결단하기' 과정을 거치지 않은 채 행동을 시작하면, 달려나간다 해도 '정말로 이대로 나아가도 좋을까?', '괜찮을까?'라는 불안을 남기기 때문이다. 따라서 달려가기에 앞서 결단을 내리는 것이 중요하다. '목적을 위해서는 리스크가 있더라도 진행시킨다'는 '결단'을 내리고 나서 행동하기 시작해야 한다. 결단함으로써 불안이 없어지고, 꿈을 향해 기분 좋게 계속 달릴 수 있다.

"당신의 꿈은 무엇입니까?"

이렇게 물으면 많은 사람들이 무엇이든 대답할 수 있을 것이다. 그러면 이렇게 물으면 어떨까?

"그 꿈을 '이루어내겠다!'고 결단했습니까?"

자, 어떤가? 자신 있는가? 아마 대부분의 사람은 분명히 꿈이 있어서 그것을 향해 노력하고 있다고 생각하지만, '진심으로 이루어내자!'고 결단했는지는 자신할 수 없을 것이다. 꿈이 있다면 되도록 빨리, 강하게 결단하기를 권한다.

결단이 이처럼 중요한 까닭은, 강한 결단은 끌어당기는 힘이 있기 때문이다. 다시 말해, 인력을 발생시킨다. 꿈이나 목표를 강하게 의식하면 인생이 저절로 그쪽 방향으로 이끌리게 된다는 것이다. 생각이 강하면 강할수록 인력은 더욱 커진다.

인력이 발생하면, 설령 도중에 '고난의 길'을 만나거나 커다란 장벽을 만나도 상관이 없다. '아프다…… 괴롭다……'고 생각하면서도 자꾸자꾸 꿈의 방향으로 돌진해가게 된다.

자, 그러면 어떻게 '강하게' 결단을 할 수 있을까? 이제 그 자세한 내용을 살펴보자.

떠밀려 결단하는 사람

당신은 언제나 스스로 결단하고 행동하는가? 예를 들면, 학교에서 시험을 치를 때, 스스로 시험 대비를 하겠다는 결심을 하고 공부했는가? 시험이 코앞으로 다가왔을 때에야 유급될지도 모른다는 위기감이나 공포감을 느끼면서 폭발적인 집중력으로 공부하지는 않았는가?

위기감이나 공포감 역시 동기부여가 된다. 그러나 그것은 스스로 결단해서 행동하는 것이 아니다. 유급될지도 모른다는 '공포의 힘'에 떠밀려 강제적으로 행동하는 것에 지나지 않는다. 특히 학생시절에는 '공포의 힘'으로 행동하는 경우가 많다. '선생님께 꾸지람을 들으니까' 숙제를 하고 공부를 한다. 동아리 활동은 선배나 코치한테 혼나고 싶지 않으니까 연습한다. 그때는 그것이 효과를 발휘하기도 했다. 그러나 그렇게 시간이 지나면서 어느덧 '공포' 때문에 행동하는 마음의 버릇이 들어버린다.

문제는 '큰일났다'는 생각에 떠밀려 하는 행동은 자주성을 가지고 스스로 하는 행동에 비해 그 결과나 달성 속도에 큰 차이를 보인다는 것이다. 위기감이나 공포감 역시 동기부여가 되고, 때로는 필요하기도 하지만, 그것에 의존하여 일을 하는 습관은 이제 버려야 한다. 강한 결단으로 행동하고 그 결과를 만끽하라. 달성하고 싶은 목표가 어떻게, 얼마나 빨리 이루어지는지 직접 확인하고, 주체적인 삶을 영위해 나가라.

꿈과 목표 그리고 공포 에너지

스스로 결단해 행동하는 사람과 위기감에 떠밀려 행동하는 사람은 많은 부분에서 다르지만, 특히 성장의 측면에서 큰 차이를 보인다. 예컨대, 그들이 1년 동안 성장한 정도를 살펴보면 크게 다를 수밖에 없다.

예를 들어보자. 취업해야 할 시기에 이르러서야 혹은 면접에서 떨어지고 난 다음에야 비로소 위기감을 느끼고 대책을 세우는 사람과, 미리 자신의 장래를 생각해서 시간의 축을 미래로 옮겨 '지금 해야 할 일'을 명확히 하면서 지난 1년 동안 취업준비를 해온 사람이 차이를 보이는 것은 당연하다.

위기감이나 공포심은 폭발적인 에너지를 낳기는 한다. 그러나 유감스럽게도 '꿈이나 목표를 실현하기 위해' 그 에너지를 이용하기는 어렵다. 꿈이나 목표는 개인적인 것이리서, 하지 않으면 '큰일' 나거나 다른 사람한테 '꾸지람'을 듣는 경우는 드물기 때문이다. 따라서 꿈을 이룰 때까지 공포의 에너지를 계속해서 만들어내기는 어렵다.

사람은 공포 때문에 강제로 움직일 수 있지만, 그것으로는 정말로 소중한 일을 실현하지 못한다. 정말로 뭔가를 실현하는 사람은 공포에 의해서가 아니라 스스로 결단해서 움직인다. 항상 공포에 쫓기면서 마지못해 인생을 보내는 것과 스스로 결단하여 꿈이나 목표를 달성하기 위해 즐겁게 인생을 보내는 것, 어느 쪽을 선택하겠는가?

Key Point

스스로 결단하라

뭔가에 떠밀려 마지못해 행동하는 것은 고등학교 졸업과 동시에 안녕을 고하고, 꿈과 목표를 달성하기 위해 스스로 결단하는 자주적인 삶을 살아가라. 위기감이나 공포심 역시 동기부여를 하고 때로는 폭발적인 힘을 발휘하기도 하지만, 꿈을 이루게 하지는 못한다.

결단을 방해하는 것들

선택지가 너무 많으면 결정할 수 없다

인생은 결정의 연속이지만, 늘 결정이 쉬운 것은 아니다. 매 순간 최선의 결정을 하는 것은 어렵다 해도 우리는 최선을 다한다. 그래도 실패하는 경우도 있고 아쉬움이 남는 경우도 있다. 게다가 결정 자체가 어려운 경우도 있다.

결정할 수 없는 경우는 크게 2가지로 나눌 수 있는데, 하나는 '선택지가 없어서' 결정할 수 없는 경우이고, 다른 하나는 '선택지가 너무 많아서' 결정할 수 없는 경우이다. 현대인은 대부분 후자에 속힌다.

"영어도 잘하면 좋겠고 회계도 공부하고 싶다. 현재 하는 일도 좋은 결과를 얻고 싶고, 파티쉐도 되고 싶다……."

하고 싶은 일이나 이루고 싶은 꿈이 많은 것은 좋지만, 선택지가 너무 많으면 오히려 결정하지 못하게 되고 만다.

어차피 사람은 머리도 몸도 하나이므로 동시에 할 수 있는 일에는 한계가 있다. 대부분의 사람은 한 가지 일을 하는 데에 온 힘을 쏟는다. 해야 하는 일이 좁혀져 있지 않으면 에너지가 분산되어 어느 하나도 제대로 하지 못하는 경우가 많다. 지금 해야 하는 것이 무엇인지, 하나로 좁혀서 집중하는 것이 자신을 바꾸는 지름길이다.

명쾌한 판단

할 수 있는 일은 꿈꾸지 않는다

　인생에 있어서 무엇을 해야 하는지를 선택할 때 기준으로 삼는 것이 무엇인지 생각해보자. 그 일이 가치 있는 일인지, 그 일이 가져다주는 결과가 만족할 만한 것인지, 그 일 자체가 좋아하고 즐길 만한 것인지 등 판단기준은 다양할 것이다. 그러나 많은 사람들이 판단기준으로 삼는 것은 '할 수 있을지, 없을지'이다. 의외로 많은 사람들이 이것을 기준으로 판단한다.
　그러나 어떤 일을 할 때 그 일을 '할 수 있을지, 없을지'를 판단기준으로 삼고 분석하는 경우, '할 수 없을 것 같다'고 판단하면 동기부여가 줄어들어 행동으로 옮길 수 없다. 할 수 없을 것이라는 판단을 하고도 그 일을 해낼 것을 기대하기란 어렵기에 당연한 결과이다.

그런데 '할 수 있을 것인가 / 없을 것인가'로 삼았던 판단기준을 '할 것인가 / 하지 않을 것인가'와 같은 의사결정의 기준으로 바꾸면, 결단하는 내용도 바뀐다. 할 수 있는 일이라면 실행하고, 할 수 없는 일이라면 실행하지 않는다고 생각하는 한, 꿈은 이루어지지 않는다. 왜냐하면 할 수 있는 일을 꿈으로 여기는 사람은 없기 때문이다.

가능한 일은 우리에게 꿈이 될 수 없다. 꿈은 '할 수 없을 것 같은 것들' 중에 있다. '할 수 있다 / 없다'의 기준으로 생각하는 한 꿈이 넘치는 인생을 기대하기란 어렵다. 예를 들어, 야구선수가 되고 싶은 아이라면 '이치로 선수처럼 되고 싶다'고 말하지, '동네 야구선수가 되고 싶다'고 생각하지는 않는다. 이치로 선수는 프로 중의 프로라서 쉽게 될 수 있는 존재가 아니기 때문에 목표가 된다.

불가능한 꿈일수록 동경하는 마음이 강해진다. 다른 말로, 동기부여가 높아지는 것이다. 충분히 가능한 일이거나 가능성이 높은 일을 꿈으로 삼으면 동기부여는 약해지고 만다. 바로 이 때문에 '할 수 있는가 / 없는가'를 판단기준으로 삼으면 큰 꿈은 가질 수 없는 것이다.

애정동기와 불안동기

당신의 결단이 '행복을 불러올지, 불행을 불러올지'는 '의사결정을 할 때의 감정상태'에 따라서 정해진다. 어떠한 동기로 시작했는지에 따라서 결과가 바뀐다는 말이다.

동기에는 두 가지가 있다. 하나는 '애정동기'이다. 이것은 플러스의 감정을 가져오는 동기로, '이런 일을 할 수 있으면 좋겠다!', '이거 재미있겠다!', '꼭 해보고 싶다!'와 같은 기대와 설렘으로 두근거리는 마음과 함께 발생한 동기를 말한다. 이러한 동기에서 시작한 일은 확실히 좋은 결과를 가져온다.

다른 하나는 '불안동기'로, 이것은 마이너스의 감정을 가져오는 동기이다. '하지 않으면 안 된다'는 의무감이나 '하지 않으면 큰일난다'는 공포에 의해서 싹트는 동기이다. 불안동기에 의해 결단하면 완전히 똑같은 일이라도 그것을 하는 동안 항상 불안하고 들볶여서 괴로운 기분이 되어버린다.

축구선수를 예로 들어보자. '시합에서 실패하면 코치나 동료들에게 비난받을지도 모른다'는 불안동기에서 연습하는 것과 '축구를 좋아해서 더 잘하고 싶다'는 애정동기에서 하는 것은 싹트는 감정에 큰 차이가 있다. 그 결과도 당연히 차이가 날 수밖에 없다. '하지 않으면 큰일 난다'는 강박관념으로 결단하면 연습을 해도 비장함에 빠져 노력해도 즐겁지 않다. 결과적으로 애정동기로 축구 연습을 하는 쪽이 실력이 월등하게 성장하고 좋은 결과를 얻을 수 있다.

무엇을 결정할 때에는 '불안'에 의하지 말고, '애정'이나 '정열'로 결정하는 것이 좋다.

꿈을 현실화하는 상상

상상할 수 없으면 결단할 수 없다

　미래의 장면을 선명하게 그릴 수 없으면 그것을 하겠다는 결단을 내리기도 힘들다. 예를 들면, 바비큐파티를 하자는 권유를 받았을 때 즐거운 이미지를 그릴 수 없으면 '하자'라는 결단은 내리지 않을 것이다.

　인간은 이미지에 따라서 결단하기 때문에 즐거운 장면을 떠올릴 수 있다면 '한다'라고 결단을 내리고, 상상한 장면이 대수롭지 않거나 즐거울 거라는 생각이 들지 않으면 '한다'는 결단을 내리지 않는다.

다시 바비큐파티를 예로 들면, '바비큐 파티'라는 말을 듣기만 해서는 '귀찮아', '휴일에는 가족과 느긋하게 보내고 싶다'고 생각해 거절할지도 모른다. 그러나 모두 같이 바비큐를 먹으며 대화를 나누는 모습이나, 식사 후 나무 그늘에 앉아 서로의 꿈을 이야기하는 모습을 상상한다면 상황은 완전히 바뀐다. 맛있는 음식을 먹고 분위기가 한껏 오른 다음에 꿈을 이야기한다면 분명히 깊은 대화를 할 수 있을 것이고, 기분도 즐거울 것이다.

또 한 걸음 더 나아가, '어쩌면 인생에 있어서 중요한 의미를 갖는 새로운 만남이 있을지도 모른다' 혹은 '바비큐 파티를 통해 일을 처리하는 방법을 배울 수 있을지도 모른다'고 상상할 수도 있다. '그리고 무엇보다도 맑은 하늘 아래서 먹는 바비큐는 정말로 맛있을 것 같다'라는 단순한 상상만으로도 결심을 하기가 더 쉬워진다.

만일 '하면 된다'는 것을 알고 있으면서도 결단하지 못하는 일이 있다면, 그 행동에 가치를 보여줄 만한 장면을 생동감 있게 떠올려보라. 그러면 애정동기에 따라서 두근거림과 함께 결단을 내리게 되고, 행동하는 힘도 커진다.

꿈을 생생하게 상상할 수 있는가

앞에서 예로 든 바비큐파티의 예와 마찬가지로, 꿈이나 목표를 달성할 때에도 상상의 힘은 매우 중요하다. '사업을 시작한다'는 꿈이 있다면, 그 구체적인 모습을 그릴 수 있어야 한다. 예컨대 이런 것들이다.

'사업을 몇 살에 시작하는가?'
'어떤 아이템으로 사업을 시작하는가?'
'사무실은 어디에 있고, 실내는 어떤 디자인인가?'
'회사 이름은 무엇인가?'
'사무실에는 어떤 사람들이 일하고 있을까?'

이처럼 상상해서 그리는 장면이 구체적일수록 꿈에 더욱 가까이 다가가게 된다. 반대로 상상조차 할 수 없는 일은 현실화하기 어렵다.

결단 내리는 순간

애정동기와 불안동기로 대별되는 결단을 내릴 때의 감정이 중요하다는 것은 이미 말한 대로이다. 덧붙여 동기부여가 오래 가도록 하는 것도 결단을 내리는 순간과 연관이 있다.

예컨대, 병으로 가족을 잃은 사람이 '의사가 되어서 병으로 고통받는 사람들을 구하고 싶다!'는 생각에서 의사 되겠다고 결단을 내렸다고 해보자. 이 경우 '의사가 되고 싶다'는 감정이 매우 강하기 때문에 중간에 포기하지 않고 동기부여를 유지할 수 있다. 결단을 내릴 때의 감정이 크면 클수록 폭발적 출발이 지나고 난 뒤에도 고갈되지 않는 동기부여를 유지하게 된다.

반면 '아버지도 의사니까 나도 의사가 되어야 한다'는 생각에서 의사가 되고자 결심했다면 어떨까? 동기부여는 금세 약해지고 말 것이다. '초심을 잊어서는 안 된다'는 말이 강조하는 것도 바로 이것이다. 초심이란 '결단을 내리는 순간의 마음'이다. 결단을 내리는 순간의 감정이 크면 초심으로 돌아감으로써 다시 한 번 강한 감정을 얻을 수 있지만, 초심의 감정이 작으면 초심으로 돌아간다 해도 목표를 향한 추진력을 얻기 어렵다.

결단을 내릴 때에는 가능한 감정을 강하게 움직이는 것이 좋다. 예를 들면, 노래방에서 악을 쓰면서 '의사가 될 거야!'라고 외쳐도 좋고, 동료들과 함께 결의하는 모임을 갖고 '반드시 되고 말 거야!' 하며 요란하게 결정해도 좋다.

초심을 지속시키는 방법

결단을 내릴 때는 환경을 갖추는 것도 중요하다. 결단을 내리기 위해 높은 산 정상까지 올랐다면, '일부러 산까지 와서 결단했으니까 소중히 하자'는 감정이 생긴다. 학교나 회사 식당에서 늘 먹던 점심을 먹으면서 '이렇게 하자'고 결정하는 것보다는 '산까지 올라가서 결단했다'는 에피소드가 그 결단에 더 큰 중요성을 부여한다.

내게도 그런 경험이 있다. '올해는 어떤 사업전략을 세울까'를 생각하면서, 혼자 놀이공원 관람차를 타고 정점에 이르렀을 때 결단을 했다. 커플들 사이에 끼여 혼자 줄에 서서 기다렸다가 혼자 탔고 정상에 이르기까지 자문자답했으며, 정상에서 결단을 내렸다. 내려올 때는 그 감정에 젖어 있었다.

점점 위로 오를 때는 '높아진다. 자, 올해는 이떻게 할까?'를 생각하고, 정상이 다가올 때에는 '슬슬 결정을 해야만 한다'고 발상을 좁혔다. 그리고 마침내 정상에 이르렀을 때에는 '좋았어! 결정했다. 그럼 이렇게 하는 거야!'라고 결단을 내렸고, 그 다음은 기분 좋게 내려온 것이다.

이렇게 내린 결단의 내용은 특별히 오래도록 기억에 남았다. '관람차에서 결정한 것'이라는 에피소드가 정상에 이르기까지와 정상에서 결단한 때의 감정을 오래가도록 했고, 힘차게 행동으로 옮기게 만들었다. 이렇게 에피소드를 만들면, 만에 하나 동기부여가 약해지면 다시 한 번 관람차에 오를 수도 있다. 그러면 그때의 '초심'을 다시 떠올릴 수 있을 것이다.

높은 산 정상에 올라 큰 결단을 했음에도 목적 달성에 대한 의욕을 잃어가고 있다면, 다시 한 번 그 산에 올라 당시를 떠올려 보라. '아아, 그때 이 경치를 보면서 결단을 내렸지!'라고 당시를 떠올리는 것이다. 장소에 따라서 그때의 감정이나 기억이 상기되어 강한 의지를 계속 유지할 수 있다.

> **Key Point**

중요한 결단을 내릴 때

이벤트는 연인이나 부부 사이에만 필요한 것이 아니다. 중요한 결단을 내려야 할 때에는 당신을 위해 이벤트를 기획하라. 언제든 초심으로 돌아가야 한다고 느낄 때, 이벤트로 강하게 만들어진 초심이 힘을 발휘할 것이다.

Practice List

'결단하는 힘'을 키우는 실행 리스트

- 꿈을 이루기 위해 행동하기 전에 결단을 하는 과정을 거쳐라.
- 꿈이 행동을 끌어당길 만한 인력을 만들 때까지 꿈에 대한 생각을 키우자.
- 무엇인가를 시작할 때는 공포의 힘에 의지하지 않고 스스로의 결단으로 시작한다.
- 이것저것 할 일들을 나열하지 말고, 지금 해야 할 일 하나로 좁히자.
- '할 수 있을지 없을지'가 아니라 '하고 싶은지 아닌지'로 결정하자.
- 결단할 때의 '동기'에 주의를 기울여야 한다. 불안동기보다는 애정동기를 만들어야 두근거리는 감정으로 결단하게 된다.
- 결정한 다음에 어떻게 될 것인지를 구체적으로 상상하자. 구

체적으로 상상할 수 있는 것만이 이루어진다.

- 결단하는 순간의 감정을 되도록 크게 하기 위해 이벤트를 준비하자. 중요한 일을 결정할 때는 특별한 장소로 가는 것도 좋은 방법이다.

04
행동하는 힘
The Power of Doing

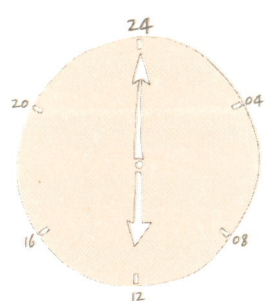

Introduction 가장 큰 차이를 만드는 '행동의 힘'

12:00 갈 데까지 가라

13:00 제한된 시간자원

14:00 시간을 충실하게 보내는 방법

15:00 아는 것과 행동하는 것

Practice List '행동하는 힘'을 키우는 실행 리스트

Introduction

가장 큰 차이를 만드는 '행동의 힘'

이제 행동하는 힘에 대해 알아볼 차례다. 지금까지 우리는 질문하는 힘, 생각하는 힘, 결단하는 힘을 익혀왔다. 말하자면 도움닫기를 한 셈이다. 이런 도움닫기가 필요한 까닭은 행동하는 힘을 발휘하기 위해서이다. '행동'하지 않으면 아무런 변화도 일어나지 않는다. 그러니 지금부터가 본격적이라고 할 수 있다. 그런데 여기가 병목 현상이 가장 많이 일어나는 부분이다. 이 부분에서 도약을 하지 못하고 주저앉는 사람이 가장 많다.

대부분의 사람들이 '하면 된다'는 것은 알고 있다. 발이 빨라지기 원한다면 달리기 연습을 하면 된다. 피아노를 잘 치고 싶다면 열심히 연습하면 된다. 변호사가 되고 싶다면 공부하면 된다. 그렇다, 이것은 누구나 알고 있다. 그러나 많은 사람들이 실제로는 그렇게 하지 못한다. 이

것이 '행동하는 힘'에서 가장 많은 차이가 나는 까닭이다.

행동하는 힘을 키우기에 앞서 기억해야 할 것이 있다. 앞에서도 이미 언급한 것이지만, 최선을 찾겠다는 생각에 매몰되지는 말라는 것이다. 최선보다는 '더 나은 것'을 지향해야 한다. 우리는 늘 최선을 원하지만 최선을 찾다가 행동할 시기를 놓치기 십상이다.

만약 99% 준비된 상황에서 일을 시작하기 위해서는 2~3주의 시간이 필요하고, 90% 정도의 준비를 하는 데에는 2~3일이 걸린다면, 어느 쪽을 선택할 것인가? 완벽성을 기하는 아주 엄밀한 작업이라면 전자를 택해야겠지만, 영업이나 마케팅과 같이 타이밍과 돌발변수가 많은 분야라면 후자를 택하는 것이 올바를 것이다. 이런 경우에는 오히려 조금 일찍 시작하여 여유를 가지고 수정 보완하면서 목표에 근접하는 것이 더 현명한 방법이다.

완벽한 준비가 필요한 경우도 있다. 예컨대, 과학실험과 같이 패러다임이 정해진 경우이다. 그 외 대부분의 경우에서는 완벽한 준비가 반드시 필요한 것은 아니다. 게다가 모든 것이 갖추어진 완벽한 준비라는 것은 거의 불가능하다.

따라서 완벽함을 기하기 위해 시간을 지체하다가는 오히려 행동을 하지 못하게 되고, 이것이 반복되면 습관이 되고 만다. 그리고 시간이 지나면 완벽을 추구하겠다는 것이, 최선을 선택하겠다는 것이 행동하지 못하는 습관의 핑곗거리가 되기도 한다. 매사에 자신만의 원칙을 가지고 행동하는 것이 성공으로 가는 지름길임을 기억하자.

"행동은 반드시 행복을 가져오지는 않지만, 행동이 없는 곳에 행복이 생기지는 않는다."

– 벤저민 디즈레일리

"인생의 커다란 목적은 지식이 아니라 행동에 있다."

– 토머스 헉슬리

이번 장에서는 어떻게 하면 실제로 행동할 수 있는지와 더불어 성공하기 위한 행동요령 등을 소개하겠다. 이제 우리에게 남은 시간은 12시간이다. '행동하는 힘'을 키우기 위한 자극적이며 즐거운 여행을 이제 시작하자.

THE POWER OF DOING

갈 데까지 가라

바로 행동한다

서점에서 읽고 싶은 책을 산 다음 바로 찻집이나 카페에 들어가 단번에 읽어버린 경험이 있는가? 또는 모처럼 서점에서 책을 샀지만 집으로 돌아와 책상에 올려둔 채 몇 개월이나 방치한 적은 있는가?

이 차이는 어디에서 비롯되는 것일까? 동기부여가 높을 때 바로 행동으로 옮겼는가 아닌가가 이런 차이를 불러온 것이다. 그 책을 읽고 싶다고 생각했다면, 그 생각이 사라지기 전에 책을 읽기 시작하면 독파할 수 있다.

동기부여는 '배움이나 깨달음을 얻은 순간'에 높아지며 시간이 지날수록 낮아진다. 동기부여가 낮은 상태에서는 행동력이 발휘되지 않기 때문에, '배움이나 깨달음을 얻은 순간'에 재빨리 행동하는 것이 상책이다. 예를 들면, 나는 책을 읽다가 어떤 생각이 떠오르면 일단 책을 덮고 바로 사고에 들어간다. '나중에 생각하자'고 마음먹으면 거의 대부분의 경우 다시 생각하지 않거나 그 생각 자체를 잊어버리고 만다.

예를 들어보자. 나는 재능의 발견과 발휘에 대해 설명한 책을 읽다가 '재능은 여러 가지 형태로 나타난다'는 내용을 읽고 깨달음을 얻은 적이 있다. 이런 경우 그 자리에서 바로 '그럼 나는 재능에 대해 어떤 생각을 갖고 있지?', '어떻게 하면 재능을 개발시킬 수 있을까?', '그렇다면 어떻게 행동하면 좋을까?'를 자문해 답을 냈다. '그래, 그렇지. 요컨대, 재능은 갈고 닦으면 빛난다고 했어'라고 나름의 답이 나오면, '그러면 재능은 갈고 닦으면 빛난다를 좌우명으로 삼자'고 결정하고 수첩에 적는다. 그런 다음에는 '좋아, 오늘부터 1주일 동안 늘 이 좌우명을 의식해보는 거야'라고 의사결정을 한다. 이런 식으로 하면 깨달음이 있고 '1분' 만에 '수첩에 적는다'는 행동에서 '1주일 동안 의식한다'는 의사결정까지 마무리할 수 있다.

나는 지식은 음식과 같으며 그 중에서도 '날것'이라고 생각한다. 먹고 싶은 음식이 있어 식품을 구입했다면, 구입한 순간에는 '빨리 먹고 싶다!'는 감정이 강하다. 더욱이 신선한 동안에 조리하면 더욱 맛이 있으므로 빨리 조리할수록 더 맛있다는 것을 우리는 알고 있다. 하지만 시간이 가면 갈수록 그 감정은 퇴색되고 마침내는 식품이 상하고 만다. 그러면 처음의 감정이 얼마나 강했는지와는 상관없이 그 식품은 버려야 한다.

요컨대, 지식은 '날것'이다. 알게 되었을 때, 생각이 날 때 바로 행동하자. 1분이나 2분 안에 대단한 일을 할 수 없을지는 모르지만, 작은 결과라도 상관없으므로 동기부여가 높을 때 '지금 할 수 있는 일'을 행동으로 옮기자.

Key Point

바로 행동하기

지식은 식품과 같아서 방치해두면 썩어버리지만, 신선할 때 바로 활용해서 요리로 만들면 가치로 바뀐다. 결과가 작아도 상관없다. 당장 할 수 있는 일을 찾아 바로 행동에 옮기는 것이 중요하다.

지금 당장 할 수 있는 일

1장에서 이미 이야기했지만, 뭔가를 깨달았다면 바로 그 순간 '그러면?'이라고 자문을 계속해서 '지금 당장 내가 할 수 있는 일은 무엇인가'를 찾아내야 한다. 그러면 바로 행동으로 옮길 수 있다. '내일 할 수 있는 일'이나 '1년 후에 할 수 있는 일'을 생각하고 마무리해버리면 당장 할 수 있는 일을 찾지 않고 미루게 되니까, 긴장이 고조된 '지금 당장' 할 수 있는 일은 무엇인지 생각하는 것으로 마무리하는 것이 중요하다.

예를 들면, '매일 2킬로미터를 달리면 살을 뺄 수 있다'는 사실을 깨달았다고 치자. 그런데 지금은 근무중이니까 달릴 수 없다. 또 애초에 운동습관이 없으므로 2킬로미터를 달릴 수 있을지도 모르는 상황이다. 이런 상황에서 '그러면 지금 할 수 있는 일은 무엇이지?'를 자문한다. 그리고 '먼저 필요한 도구를 갖춰서 동기부여를 높이자!'는 생각을 했다고 하자. 그러면 '퇴근길에 조깅화를 사자'고 수첩에 적는 것쯤은 할 수 있지 않을까?

또는 퇴근길이나 집 근처에서 2킬로미터 정도 되는 거리를 달릴 수 있는 코스를 생각하는 것도 가능하다. 예컨대, 버스를 한두 정거장 일찍 내리면 집까지 2킬로미터는 충분히 될 수 있다거나, 집 근처를 한두 바퀴 돌면 되겠다는 등의 계획을 하고, 그 구체적인 내용을 수첩에 적어두는 것이다.

또 이런 경우도 가능하다. '발상력'의 중요성을 알게 되었고 발상력을 높여야겠다는 생각이 들었다면, 당장 인터넷서점에 들어가 본다. 그리고 '발상력'이라고 검색한 다음, 검색된 책의 리뷰를 읽고 '괜찮을 것 같다'고 판단되는 책을 주문하는 것쯤은 언제나 가능하다.

대부분의 경우, 여러 가지 제약 때문에 지금 당장 할 수 있는 일은 그다지 많지 않다. 그렇다고 아무것도 할 수 없는 것은 아니다. 어떤 상황에서도 당장 할 수 있는 일은 찾을 수 있다. 아주 작은 일이라도 상관없다. 얼마 안 되는 수단 가운데 당장 할 수 있는 일을 찾아 하면 된다.

'지금 할 수 있는 일'의 범위

1~2분 만에 할 수 있는 일은 그다지 많지 않고 한정되어 있지만, 그렇다고 해서 '이 정도면 됐다'고 쉽게 결정해서는 안 된다. 다른 가능성을 너무 빨리 닫아버리는 것이기 때문이다. 이럴 때

'가는 데까지 가두자'는 것도 자신을 바꾸기는 포인트가 된다.

예를 들면, 당신이 누군가에게 어떤 사람을 소개하는 상황이라고 하자. 그런데 상대가 당신에게 그 사람을 꼭 만나보고 싶다고 한다면, 당신은 어떻게 하겠는가? "알겠습니다. 다음에 만나면 그렇게 전하겠습니다" 혹은 "메일을 보내 놓겠습니다"라는 대답을 하고 그 상황을 끝내지는 않는가?

나의 경우, 이런 상황에서는 "잠시 기다려 주십시오"라고 말한 후, 휴대전화를 꺼내 그 사람에게 전화를 건다. 그리고 그 자리에서 약속을 잡는다.

일반적으로 행동력에 자신이 없는 사람은 '지금 할 수 있는 일'이 이미 정해져 있다. 그러니 당장 할 수 있는 일을 찾으려 해도 찾지 못하는 경우가 많다. 그리고 '이 정도면 됐다'고 쉽게 결정해버린다.

행동력을 높이고 싶다면, '지금 할 수 있는 일'의 범위를 넓혀야 한다. 스스로에게 '정말 지금 할 수 있는 일이 이것뿐인가?'라고 묻고, '가는 데까지 간다'는 생각으로 다시 한 번 따져본다. 그리고 행동한다.

정리해보자. 하고 싶은 일이 있다면, 우선 그것을 실현하기 위해 '지금 할 수 있는 일은 무엇인가?'를 생각하고, 나아가 '징

말로 지금 할 수 있는 일은 그것뿐인지'를 다시 생각한다. 그리고 가는 데까지 간다. 이것이 인생을 극적으로 바꾸는 비결이다.

지금 할 수 있는 일

'지금 당장 할 수 있는 일'은 그다지 많지 않다. 그래서 그것을 하는 것이 어렵지 않다. 하겠다는 마음만 먹으면 얼마든지 할 수 있다. 문제는 당장 그 일을 하는 것이다. 덧붙여 당장 할 일을 찾아 하되, 차츰 그 범위를 넓혀 행동력을 키워야 한다.

제한된 시간자원

행동계획

결단을 내리고 그것을 행동으로 옮기는 과정에서 중요한 것은 '시간관리'이다. 시간관리가 잘된다면 여유롭게 행동할 수 있다. 앞에서 우리는 '지금 할 수 있는 일'을 '할 수 있는 데까지' 하는 것이 중요하다는 것에 대해 이야기했다. 요컨대, 당장 할 일을 찾고 '갈 데까지 가다'는 생각으로 할 일의 범위를 넓혀야 한다고 했다.

그런데 완수할 때까지 긴 시간이 필요한 일이라면 적절한 시간관리가 매우 중요해진다. 특히 하고 싶은 일은 있지만, 바빠서 '시간이 없다'는 핑계를 자주 대는 사람이라면 더욱 그렇다. 이런 경우, 좀 더 구체적으로 '시간이 얼마나 있는가?', '이 일에 사용할 시간이 얼마나 되는가?', 만약 당장은 시간이 부족하다면 '그러면 언제쯤이면 가능한가?'를 냉정하게 분석하는 습관을 들여야 한다.

덧붙여, 사실 정말 시간이 없어 할 일을 못 하는 경우란 거의 없다. 꼭 해야 하는 일이라면 더욱 그렇다. 대부분의 경우, 시간이 없는 것이 아니라 그 일을 하고 싶지 않거나 할 마음이 없는 경우이다. '바쁘다'고 입버릇처럼 말하는 사람조차 '하고 싶은 일을 할 시간'을 마련할 수 있다.

따라서 바빠서 시간이 없다는 핑계를 대기 전에, '정말 시간이 없는지' 생각해보자. 그리고 지금 내가 가진 시간자원을 파악해보자. '하고 싶은 일을 할 시간'을 찾아내려면, 이것이 포인트이다.

- 1년간의 '시간자원'을 높은 곳에서 내려다보듯 전체적으로 파악한다.
- 시간의 유무를 '시각적으로' 파악한다.

1년 후의 오늘

피아노를 잘 치고 싶다면 반복해서 연습하는 것이 중요하다. 아직 초보인 사람이 오늘 혹은 내일 갑자기 잘 치게 되는 일은 없다. 잘하기까지의 과정을 장기적으로 생각해서 단계적으로 연습을 계속하지 않으면 잘할 수 없다. 피아노뿐만 아니다. 일에서도, 공부에서도 마찬가지다. 오늘이나 내일 갑자기 잘하게 되는 경우는 없다. 그래서 필요한 것이 시간 측면에서 장기적인 관점을 갖는 것이다. 원하는 결과를 얻지 못하는 것은 관점이 단기적이기 때문이다.

당신은 어느 정도 앞의 스케줄까지 정하고 생활하는가? 비즈니스맨인데도 이번 주 스케줄도 정해지지 않은 사람도 있다. 장기나 체스에서는 '수를 얼마나 읽는가'에 따라 승패가 좌우된다. 눈앞에 있는 졸을 먹기 위해 다음 한 수를 두는 사람은, 열 수 앞을 내다보며 왕을 먹기 위해 다음 한 수를 두는 사람을 이길 수 없다. 일에서도 마찬가지다. 시간관리는 적어도 '2주 후'까지 스케줄을 정해두는 것을 철칙으로 삼아야 한다.

'얼마나 앞을 내다볼 수 있는가'에 따라서 성과는 크게 달라진다. 1년 후를 보고 이번 달을 계획하고 사는 사람은 '열 수 앞을 읽을 수 있는 사람'이라고 할 수 있다. 열 수 앞을 읽을 수 있는 사람과 '오늘 할 일을 오늘 정하는 사람'의 차이는 뚜렷할 수밖에 없다.

나는 경영자이기도 해서 전형적인 스케줄표를 이용해 시간자원을 1년 단위로 파악해둔다. 물론 처음부터 그랬던 것은 아니다. 하지만 1년 단위로 스케줄을 생각한 이후로, 갑자기 프로젝트가 원활히 움직이기 시작했고 수입도 늘었다는 것은 분명히 말할 수 있다.

장벽이 조금 높을지도 모르지만, '1년 후의 오늘 무엇을 할지'까지 정해둔다면 전망이 상당히 명확해지고 유효한 1년을 보낼 수 있다. '몇 월 며칠에 이것을 하는데, 그러려면 적어도 몇 월 며칠까지 이 정도는 해놓아야 한다'와 같이 정해놓으면, 미래가 구체화되어 꿈의 실현 가능성이 부쩍 높아진다.

시각적으로 파악하는 시간자원

시간을 효과적으로 관리하고 사용하기 위해서는, 빈 시간을 순간적으로 파악할 수 있어야 한다. 그러기 위해서는 시간자원을 시각화하는 것이 필요하다.

　문자 데이터가 아니라 '이미지'로 파악한다면, 비어 있는 시간을 파악하기 쉬워진다. 그러면 '5월 첫째 주는 연휴가 기니까 무엇을 해볼까?'라든가, '해외여행을 가고 싶은데 4~5일 정도 휴가를 쓸 수 있는 것은 언제지?' 등, 빈 시간을 한눈에 파악하게 된다.

　시간을 충실하게 보내기 위해서는 하루하루를 계획하는 미시적인 시점도 중요하지만, 장기적으로 보면 그것만으로는 정말로 중요한 것을 놓칠 가능성이 높다. 따라서 장기적인 관점에서 시간자원의 배분을 생각하라. 이것이 행동하는 힘을 키우는 데 필요한 시간관리의 전제이다.

동시에 관리하는 돈과 시간

　인생에 있어 시간관리만큼이나 중요한 것이 '돈관리'이다. 돈 역시 시간만큼이나 관리가 필요한데, 나는 돈과 시간을 한꺼번에 관리할 것을 권한다. 방법은 간단하다. 큰 수입이나 지출이 있을 예정인 날은 다른 스케줄과 함께 수첩에 메모를 해두는 것이다. 예를 들면, 월급날에는 '+200만', 여행을 가는 날이라면 '-80만' 등과 같이 써둔다. 이렇게 써둠으로써 돈에 대한 의식이 자연히 높아지고, 낭비하는 일도 줄게 된다.

또 하나 기억할 것이 있다. 지출에는 두 종류가 있다는 것이다. '소비'와 '투자'이다. 그저 친구들과 떠들어대기 위해서 술을 마시러 가는 거라면 그것은 단순한 '소비'이지만, 세미나에 참석하거나 영어회화 학원에 다니거나 업무에 활용하기 위해 비즈니스 서적을 구입한다면 그것은 '투자'다.

투자는 장래에 돈을 만들어낼 가능성이 높다. 따라서 소비와 투자는 구분이 필요하다. 하나하나 기록해두는 것은 힘들겠지만, 이 지출이 투자인지 소비인지 생각해보는 것은 필요하다. 투자가 아니라 소비이므로 '조금 삼가자' 등의 생각을 하는 것만으로도 큰 진보이다.

시간을 충실하게 보내는 방법

시간의 충실도를 높이는 방법

앞에서 우리는 장기적인 시점에서 시간을 관리하는 것의 중요성과 그 방법에 대해 이야기했다. 이제 하루 24시간을 어떻게 충실하게 만들 것인지에 대해 알아보자.

하루는 24시간. 초로 하면 8만 6,400초. 시간은 이렇게 한정되어 있으며, 대통령이든 갓난아기든 누구한테나 평등하게 주어진 '자원'이다. 누구도 더 길게도 더 짧게도 바꿀 수 없다.

시간의 길이를 바꿀 수 없다면, '시간의 충실도'를 높이는 것이 성장과 성공의 열쇠이다. 생산효율을 높이기 위해서는 보다 충실하게 시간을 활용한다. 그러기 위해 타임 트라이얼^{time trial}을 추천한다. 타임 트라이얼은 경주에서 스타트를 각각 다르게 해서 개인마다 시간을 측정하는 방법을 말하는데, 각각의 일을 하는 데 걸리는 시간을 측정하는 것으로 응용해 시간의 충실도를 높이는 데 활용할 수 있다.

하루에 엄청난 양의 업무를 처리하는 대통령 같은 사람은 이 '타임 트라이얼' 속에서 날마다 생활하고 있기 때문에, 그 많은 일을 모두 소화해낼 수 있는 것이다. 즉, 매우 충실한 시간을 보내는 것이다.

'타임 트라이얼'에는 2가지 유형이 있다.

■ 시간을 고정시키고 양을 늘리는 유형

일정한 시간 내에 할 수 있는 일의 양을 늘리는 방법으로, 예를 들면 '0분 내에 몇 회 할 수 있는가'를 추구해 시간을 알차게 하는 방법이다. 예를 들면, 줄넘기를 '1분에 50회' 할 수 있다면 51회, 52회, 53회……로 늘려간다. 1시간에 영어단어를 10개 외웠다면 11개, 12개, 13개…… 이렇게 늘려가는 것이다.

■ 횟수(양)를 정해놓고 시간을 단축하는 유형

이것은 일정한 양의 일을 하는 데 걸리는 시간을 줄이는 방법으로, 예컨대 'O회를 몇 분에 할 수 있는가'를 추구하여 시간을 알차게 하는 방법이다. 예를 들면, 10킬로미터를 40분에 달릴 수 있다면 39분, 38분, 37분…… 이렇게 단축하는 것이다. 한 장의 기획서를 30분 만에 작성한다면 25분, 20분……으로 시간을 줄여나가는 것이다.

나는 학생시절에 문제집 1권을 15시간에 모두 풀었던 경험이 있는데, 그때도 이 타임 트라이얼을 철저하게 지켰다. '몇 시간에 1권을 모두 푸는가?'라는 타임 트라이얼을 했던 것이다. 영어 단어를 외울 때도 '5분 만에 50단어'라는 기준을 정했기 때문에 월등한 집중력으로 암기할 수 있었.

일반적으로는 빨리 하려고 서두르면 그만큼 일의 수준이 질적으로는 떨어진다고 생각하기 쉽지만, 타임 트라이얼은 시간이 짧아지는 것뿐만 아니라 집중력이 높아져서 결과적으로 질적으로도 향상된다. 스톱워치 등을 사용해서 게임을 하듯 충실한 시간을 체감해보길 바란다.

아는 것과 행동하는 것

아는 대로 행동하기

'알고 있는 일'과 '할 수 있는 일'은 다르다. 책을 읽어도 세미나에 참가해도 '아, 그건 이미 알고 있다'고 생각하는 순간에 동기부여는 식어버린다. 그런 경험이 한번쯤은 있을 것이다. 이미 아는 이야기라고 흘려버리거나 귀 기울이지 않은 경험 말이다. 하지만 알고 있더라도 하고 있지 않은 것은 '체득하지 못한 것'이다.

우리는 지금 자신을 바꾸기 위해 필요한 6가지 힘 가운데 '행동하는 힘'에 대해 이야기하고 있다. 스스로를 바꾸기를 원한다면 알고 있는 사실이라 해도 그것을 실제로 '내가 하고 있는지' 확인하는 것이 중요하다. 이것은 자신을 바꾸기 위한 필수조건이 된다. 그리고 '하고 있다면 그 기준은 어떤가? 낮지는 않은가?', '어디까지 하기를 바라는가?' 등을 묻는다. 또 '매일 하고 있는가?'도 물어야 한다. 이렇게 자문하고 사고하는 것만으로도 당신의 성장 가능성은 크게 달라진다.

질문을 요약하면 이렇다.

"나는 하고 있는가?"
"하고 있다면 그 기준은 어떤가? 낮지는 않은가?"
"나는 어디까지 하기를 바라는가?"
"내가 생각하는 만큼 하고 있는가?"
"매일 하고 있는가?"

성공한 사람들에게 듣는 어떤 훌륭한 노하우나 생활방식도 파고 들어가면 결국에는 '주체적으로 살아야 한다'거나 '사랑을 갖고 살아야 한다'와 같이 매우 당연하고 평범한 것으로 집약된다. 자기계발서의 명저 ≪성공하는 사람들의 7가지 습관≫이 밝히고 있는 성공하는 습관 역시 매우 당연하고 평범한 것들이다. 예를 들면, '다른 사람을 비판하지 않는다'거나 '윈윈$^{win-win}$하는 방법을 찾는다' 등 비교적 간결하고 당연한 것들이다. 그래서 '아, 이건 이미 아는 거야'라고 생각하고 거기에서 사고를 멈춰버리는 사람이 얼마나 많은가? 당신은 어떤가?

예를 들어, '사랑을 갖고 살아야 한다'는 내용의 글을 읽었다고 하자. 사실 이것을 모르는 사람은 없다. 경우에 따라서는 일주일에 한번, 또는 매일매일 듣는 말일 수도 있다. 당연히 '또 그 소리군!' 하고 지나치기 십상이다. 하지만 정말로 그런지, '매일 사랑을 가지고 살고 있는지?'를 자문해보면 그렇다고 자신 있게 대답할 사람은 많지 않을 것이다. 실제로 자문해보라. '그렇다고는 하지만 싫은 일이 있으면 푸념을 늘어놓는다' 혹은 '싫은 사람에게는 차갑게 대한다'는 것을 발견하게 되지는 않는가? 다시 말해, '이미 알고 있다'고 생각하더라도 행동으로 옮기지 않으면 모르는 것과 같다는 것이다.

자기계발서나 경영서 등을 읽고 '알고 있다'고 무시해버리는 사람과 '정말로 하고 있는가?'를 묻고 행동으로 옮기는 사람 사이에는 점점 차이가 생겨난다. 설령 만 원짜리 책이라도 전자는 0원, 후자는 100만 원, 나아가 그 이상의 가치를 지니게 되는 경우도 있다.

중요한 것은 지식을 '알고 있다'는 것이 아니다. 그것을 '행동하고 있는가?'가 정말 중요하다. 앎과 행동이 하나 될 때, 즉 지행합일^{知行合一}이 실현될 때, 그 지식은 진정한 가치가 되고 지혜가 되며, 당신 인생을 바꾸는 힘이 된다.

모든 것의 시작, 질문

책에서 '일찍 일어나자. 일찍 일어나면 반드시 이득이 있다'는 내용을 읽었다고 하자. 대부분 사람은 이렇게 생각한다.

"그걸 누가 몰라. 다 알고 있는 거 아냐!"

하지만 변화 프로젝트를 진행하는 당신은 이렇게 생각한다.

"알고는 있지만, 그렇게 하고 있는가?"

그리고 결단을 내린다.

"당장 내일부터 해보자!"

그리고 행동으로 옮긴다.

다시 한 번, 더 깊이

'행동하는 힘'을 기르는 데 있어 마지막으로 이야기할 것은 말버릇에 대해 것이다. 예를 들면, '사람을 신뢰하는 것이 중요하다'는 내용의 강연을 듣고 깨달음을 얻었다고 하자. 그리고 '좋아, 그럼 지금부터 바로 사람을 신뢰하자'라고 결정하고 행동했다고 하자.

첫 번째는 잘 되었다. 두 번째도 잘 되었다. 그런데 세 번째에 배반당했다. 만약 그렇다면 당신은 어떻게 할 것인가? '뭐야, 사람을 신뢰하라고? 그래도 안 되는 거잖아?'라고 단념할 수 있다. 아니면 '매번 성공할 수는 없다. 다시 한 번, 더 깊이 사람을 믿자!'라고 생각할 수도 있다. 당신은 어떤 결정을 할 것인가?

100번 믿고 100번 배반당하더라도 '그래도 다시 한 번, 더 깊이' 믿을 수 있는 사람은 '사람을 신뢰하는 힘'을 가진 사람이라고 말할 수 있다. 몇 번 배반을 당해도 사람을 믿을 수 있는 사람은 도중에 실패를 하든 성공을 하든, 계속 행동할 수 있다. 중요한 것은 "그래도 다시 한 번, 더 깊이'라고 스스로를 북돋우는 정신이다.

사람들은 대부분 어렵게 행동을 시작해도 도중에 실패하거나 배반을 당하면 단념해버린다. '사회는 다 이런 것이니까, 다들 이렇게 살아가는 거야'라며 낙담하고 다시 원래대로 돌아가버리고 만다. 실패해서 단념할 상황이 되면 '그래도 다시 한 번, 더 깊이'를 사용해보자. 이런 식이다.

'많은 사람들이 반대하고 있지만, 그래도 다시 한 번, 더 깊이 자기다움을 소중히 하자!'
'일이 바빠서 힘들지만, 그래도 다시 한 번, 더 깊이 영어회화 공부에 힘을 쏟자!'

'그래도 다시 한 번, 더 깊이'를 사용하면, '왜 그렇게 하고 싶은지'가 명확해지고 생각의 힘이 커져서 행동하는 힘도 극적으로 커진다.

Practice List

'행동하는 힘'을 키우는 실행 리스트

- 동기부여가 높을 때 바로 실행하자.
- 지식은 날것. 음식과 마찬가지로 내버려두면 상하고 만다. 바로 행동으로 바꾸자.
- '그러면 어떻게 할까?'를 스스로에게 질문해서 행동으로 연결시키자.
- '정말로 지금 할 수 있는 일은 이것뿐인가?'를 늘 생각해 할 수 있는 일의 범위를 넓히자.
- 자신이 가진 시간자원은 1년 단위로, 시각적으로 파악해 시간을 효율적으로 관리하자.
- 큰일을 하고 싶다면, 장기적인 관점으로 시간을 관리하자. 예컨대, 1년 후의 오늘 무엇을 할지 정하자.
- 시간과 더불어 돈의 관리도 수첩에 함께 하자.
- 지출과 투자를 구분하는 습관을 들이자.

- 타임 트라이얼로 시간의 충실도를 높이자.
- 알고 있으니까 하지 않는 것이 아니라, 알고 있지만 할 수 있는지를 확인하자.

05
끌어들이는 힘
The Power of Involving

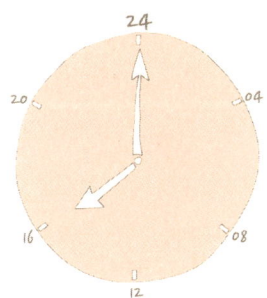

Introduction 꿈은 혼자 이룰 수 없다

16:00 에피소드의 공유

17:00 꿈은 말하라

18:00 화법보다 중요한 에피소드

19:00 공감을 끌어내는 듣기

Practice List '끌어늘이는 힘'을 키우는 실행 리스트

Introduction

꿈은 혼자 이룰 수 없다

행동하는 힘을 익혔다면, 이제 '끌어들이는 힘'을 강화해야 한다. 끌어들이는 힘이란, 주변을 연결하고 끌어들이는 힘이다. 나는 이것을 '공감공유력共感共有力'이라고 말한다. 우리가 품은 꿈이나 목표 가운데에는 혼자서 이룰 수 있고 그래야 하는 것도 있다. 하지만 그 꿈이 크면 클수록 혼자서는 이룰 수 없다. 회사나 협력업체의 도움을 받아야 하고, 다른 사람들과 힘을 모아야만 달성할 수 있는 일도 있다. 이처럼 큰 꿈을 이룰 때 필요한 힘이 바로 끌어들이는 힘, 즉 공감공유력이다.

'끌어들이는 힘'이라고 하면 인력과 과학시간에 배운 내용들을 떠올릴 것이다. 하지만 끌어들임은 물질세계에만 존재하는 것이 아니다. 물질 사이에 인력이 존재하듯이 정신에도 끌어당김[Attractive]이 존재한다. 따뜻한 마음이 사람들을 감동시키고, 일에 대한 열정이 주위 사람들의 도움을 이끌어내는 것은 바로 이 때문이다. 이런 경우 우리는 누군가에게 끌림을 당하거나 누군가를 끌어당기는 것이다.

또 인간의 정신력은 한곳에 몰입하거나 집중할 때, 그 힘이 배가된다. 심지어 평소에는 짐작도 할 수 없었던 엄청난 힘을 발휘하기도 한다. 급작스런 사태나 위기 상황에서 초인적인 힘을 발휘한 사람들의 이야기를 종종 들었을 것이다. 이런 힘은 함께 일하는 사람들은 물론 주변에 있는 모든 사람들을 끌어들인다.

새로운 일을 시작할 때나 위기의 순간을 헤쳐 나가야 할 때는 대단한 집중력이 필요하다. 그런 집중력은 주위 사람뿐만 아니라 스쳐지나가는 사람까지 끌어들이고, 그러면 자신도 모르는 사이에 일이 서서히 풀리기도 한다.

　나는 최근에 기도의 역할에 주목하고 있다. 물론 종교적인 의미의 기도를 의미하는 것은 아니다. 그러니까 기도 대신 기원이라고 해도 좋겠다. 주변 사람들의 행복을 얼마나 바라고, 꿈을 얼마나 응원하는지 등을 의미하니까 말이다.

　예를 들어, 국가대표 축구팀의 경기를 생각해보자. 많은 사람들이 얼굴 앞에 손을 모으고 기도하는 사람처럼 온 마음을 다해 응원한다. 그렇게 기도하는 마음 때문에 선수도 힘을 내고, 관전하는 우리도 큰 기쁨을 얻는다. 그 장면에서는 누구나 '공감공유'가 자연스럽게 이루어진다.

　아침에 일어나면 주변의 누군가를 떠올리면서 그 사람이 하루를 행복하게 보내도록 기원해보라. 가볍게 하지 말고 진심으로 기원한다. 그러면 그 사람이 매우 소중하게 생각되고 마음속에 자리 잡게 될 것이다.

우리는 늘 머릿속이 자신의 일로 가득 차 있어 무의식 중에 다른 사람은 어찌되든 상관없다고 생각해버린다. 그러나 나는 주변 사람들의 꿈이나 목표를 응원해야 비로소 자신의 꿈이나 목표를 이룰 수 있다고 생각한다. 그래서 주변 사람들, 다른 사람은 '어찌되든 상관없다'고 생각하는 사람들까지 응원하고 그들을 위해 기도한다.

끌어들이는 힘을 키워야 하는 이유는 바로 여기에 있다. 큰 꿈일수록 혼자서는 이룰 수 없고, 꿈을 서로 공감하고 공유하는 사람들이 늘어날수록 그들의 꿈과 내 꿈이 이루어질 가능성도 함께 커지기 때문이다.

THE POWER OF INVOLVING

에피소드의 공유

무의미한 사훈이나 표어

대부분의 기업에는 경영방침 등을 나타내는 '사훈'이 있다. 당신의 회사에도 있을 것이다. 그럼 당신은 그 사훈에 공감하면서 일하고 있는가? 아마 대부분의 사람들은 의식하지 않고 지낼 것이다. 이것은 사훈이 형식상 존재할 뿐, 가치나 의의는 그다지 없다는 말이다.

회사에 근무하지 않는다면, 학생시절의 교훈이나 급훈을 떠올려보라. 대부분 근면이나 성실, 끈기나 노력 등의 단어들이 들어간 교훈이나 급훈이 기억날 것이다. 그런데 그것을 공감하고 의식하면서 생활했는지 돌아보면, 아마 대부분 교문이나 교실 칠판 위를 장식하는 표어에 지나지 않았다는 생각이 들 것이다.

그런데 그 사훈이나 교훈, 급훈을 처음 만들었을 때를 생각해 보자. 아마도 당시에는 상당한 정성을 기울여 만들었을 것이다. 그럼 어째서 처음에는 애써 만들었을 사훈이나 표어가 무의미해 지고 만 것일까? 그 이유는 의외로 단순하다. 그것이 만들어진 배경, 즉 에피소드가 전해지지 않기 때문이다. 사훈이나 표어는 에피소드와 세트로 전달되지 않으면 의미를 갖기 힘들다. 에피 소드를 동반해야만 가치까지 전달되고, 그래야 듣는 사람들에게 도 가치를 띠기 때문이다.

예를 들면, '포기하지 말고 최선을 다하자'는 사훈이 있다고 하 자. 무척 평범하고 흔한 것이지만, 처음 이 사훈이 만들어진 배 경에는 '몇 번이나 제품개발에 실패하면서도 포기하지 않고 최 선을 다해 ○○라는 히트상품을 만들어낸 에피소드'가 있었다고 하자. 실패에도 불구하고 포기하지 않은 의지와 도전을 거듭하 면서 수많은 문제를 해결하면서 히트상품을 개발한 당시 상황을 모른다면, 이 사훈 역시 아무런 가치를 갖지 못한다. 그래서 '에 피소드'와 함께 사훈의 의미를 설명해야만 한다. 그러면 사람들 은 공감할 수 있으며 사훈을 의식하기 시작한다.

효과적으로 전하는 메시지

당신이 어떤 메시지를 다른 사람에게 전하고 싶을 때에는 사훈이나 표어와 같이 단순히 그 말만 하는 것으로는 부족하다. 그것만으로는 의미가 제대로 전달되지 않는다. 논리나 이론을 아무리 갈고 닦아도 그 말을 듣는 상대에게는 그 의미가 좀처럼 전달되지 않는다. 따라서 상대가 공감할 만한 '에피소드'까지 함께 말하는 것이 좋다.

예를 들면, 독서 모임을 만들고 싶다고 하자. 모임을 만드는 이유에 대해 '지식을 공유함으로써 스스로 발전하는 기회를 만들기 위하여'라는 논리로 이야기해도 상대에게는 잘 전달되지 않는다. 그런데 만약 이런 식으로 전달하면 어떨까?

"말이 서툰 A씨에게 화법에 관한 책에서 읽은 내용을 알려주었더니, A씨가 정말 큰 도움이 되었다고 하더라고요. 제가 봐도 확실히 바뀌었어요. 그래서 서로가 가진 지식이나 노하우를 공유하고, 새로운 지식을 쌓아가는 모임을 만들면 좋겠다는 생각이 들었어요. 도움을 받는 사람도 늘고, 그로써 기뻐하는 사람이 늘어나니까 좋은 일이죠. 그래서 독서 모임을 하고 싶은데, 어떠신가요?"

이렇게 에피소드까지 함께 이야기하면 독서 모임을 만들고 싶은 이유가 훨씬 더 잘 전달될 것이다.

Key Point

사람을 끌어들이는 말

'에피소드로 전하는 것'은 일찍이 아리스토텔레스가 강조한 예를 들어 증명하는 예증법이다. 우리가 배우는 고사성어의 가장 큰 쓰임새도 예증에 있다. 전 세계적인 베스트셀러인 성서나 탈무드 같은 종교서, 이름난 명강사들도 모두 에피소드를 공유함으로써 하고 싶은 말을 전한다. 사람을 끌어들이는 것은 이처럼 말에서 시작된다. 그리고 에피소드를 공유하면 하고 싶은 말이 더 잘 전달된다.

꿈은 말하라

나누면 배가되는 기쁨

우리 모두 아는 바와 같이 기쁨은 다른 사람과 나누고 공유할수록 커진다. 예를 들어, 영업직인 당신이 신규계약을 많이 체결해 동기들보다 빨리 목표^{norma}를 달성했다고 하자. 집으로 돌아간 당신은 '해냈어!'라며 기쁨의 세리머니를 할 것이다. 그리고 자축하는 의미에서 평소 좋아하는 와인을 한잔할 수도 있다. 하지만 혼자서는 기쁨에 젖어 있는 시간이 몇 분 정도에 불과할 것이다. 상당히 큰 성공체험을 했다 해도 10분이나 20분 동안 '해냈어! 해냈어! 해냈어!' 하면서 혼자 세리머니를 계속하지는 못한다. 하지만 동료들이 '목표 달성'을 축하하는 자리를 마련해 함께 기뻐하고 축하해준다면 어떨까? 동료들과 함께라면 기쁨은 몇 배나 커질 것이다.

인간의 감정은 '호흡'과 관계되어 있다. 숨을 나타내는 한자 息식은 자신[自]의 마음[心]이라는 뜻의 글자들로 구성된 까닭도 여기에 있다. 숨을 내쉬면 자신의 마음(감정)도 밖으로 나온다. 이야기를 할 때 우리는 숨을 내쉰다. 즉 이야기라는 행위는 '자신의 마음을 밖으로 드러내는 행위'인 것이다.

기쁨이나 들뜬 마음을 다른 사람들에게 말해서 자신의 마음을 개방하면 감정이 더욱 강해지고, 그렇게 고조된 감정이 다음 일에 대한 동기부여로 연결된다.

꿈 공유하기

기쁨의 감정과 마찬가지로, 꿈이나 목표 역시 다른 사람에게 이야기하고 공유하면 배가된다. 현실화되기 더 쉽다는 말이다.

많은 사람들이 꿈이나 목표, 또는 그에 대한 자신의 의지 등을 다른 사람에게 선뜻 밝히지 못하고 가슴속에 담아둔다. 부끄러워 그럴 수도 있고, 성공을 확신할 수 없기 때문일 수도 있다. 당신은 어떤가? 만약 그렇다면 앞으로는 반드시 자신의 꿈을 밀

하기 바란다.

꿈이나 의지를 말하면 그것들에 '생각'이 주입된다. 당신이 살아오면서 쌓아온 말의 무게가 실리고, 그 말을 듣는 사람의 공감이 더해진다. 이렇게 '주입된 생각'은 동기부여를 만들어 '행동하는 힘'을 높인다. 따라서 꿈과 목표, 의지는 될수록 많은 주변사람들에게, 일이 있을 때마다 언급하는 것이 좋다.

만약 상대가 공감을 해준다면 당신은 강력한 아군을 얻게 된다. 그러나 공감해주지 않더라도 상관은 없다. 그 말을 입 밖으로 내는 순간 주입된 생각이 당신을 행동으로 이끌어가는 것만으로도 충분하기 때문이다. 또 말함으로써 기회가 찾아올지도 모른다.

모처럼 원하는 일이 생겼고 그 일에 강한 의지를 갖게 되었다면, 그대로 방치해두지 말고 백일하에 드러내라. 말을 하는 것만으로도 동기부여가 되고 행동하는 힘으로 연결되며, 주변의 공감을 부르고 많은 사람을 끌어들여서 현실화할 가능성을 높인다.

THE POWER OF INVOLVING

화법보다 중요한 에피소드

사람의 마음을 움직이는 것

세계적인 명사들은 대부분 명연설가이고 '에피소드 사용의 달인'들이다. 마르틴 루터 킹 목사 역시 마찬가지다. 그가 그렇게 많은 사람들을 끌어들일 수 있었던 까닭은 바로 '에피소드'를 적절히 사용하는 능력에 있었던 것이다.

프레젠테이션을 할 때, 많은 사람들이 '이것은 이러저러해서 이렇다'는 식으로 논리를 전하려고 한다. 그러나 아무리 이론적으로 올바르고 엄정하다 해도 감정이 움직이지 않으면 행동에 이르지 못한다. 행동을 일으키려면 감정을 움직여야 한다. 그리고 감정을 움직이려면 에피소드가 필요하다.

킹 목사는 연설에서 하나의 의미를 전하기 위해 많은 에피소드를 들려주었다. '100년 전의 세계는 이러했다'며 과거의 에피소드를 말하기도 하고, '그 100년 후인 지금은 이렇다'라고 현재의 에피소드 4개를 이야기한다. 그리고 마지막에는 '나의 꿈은 이렇다'고 미래의 이야기 7개를 언급한다. 그저 하고 싶은 말만 하지 않고, 에피소드를 전하면서 많은 사람이 공감할 수 있도록 만든 것이다.

일반적인 유명한 연설은 모두 마찬가지다. 킹 목사처럼 '오늘도 내일도 이러저러한 어려움을 겪게 되겠지만, 나에게는 여전히 꿈이 있다'는 식으로 시작한다. 이런 연설은 듣는 청중에게 공감하게 만들고 '지금의 이런 상황에서도 꿈은 있다'는 생각을 하면서 그 꿈으로 나아가게 만든다.

3가지 이상의 에피소드

킹 목사는 하나의 의미를 전달하기 위해 서로 다른 에피소드들을 들고 있다. 듣는 사람에 따라 와닿는 에피소드가 다를 수 있기 때문이다. 따라서 하나의 의미를 전달하기 위해 사용할 수 있는 에피소드를 대개 '3가지 정도'는 알아두는 것이 좋다. 적절한 에피소드 3가지가 갖는 힘은 우리가 상상하는 이상으로 크다.

대부분의 사람들은 3가지 이상 (혹은 3번 이상) 같은 경험을 하면 (혹은 같은 감정을 가지면) '모든 것'이 그러하다고 생각하게 된다. 3번 실패하면 '나는 몇 번을 해도 안 된다'고 생각하고, 3번 연속해서 성공하면 '실력도 있고 운도 있으니 뭘 해도 잘할 것이다'라고 생각한다. 취업준비생이 3명의 선배 사원과 만났는데 세 사람 모두 더위에 지친 모습이었다면, 그 회사에 대해 '사람을 지치게 하는 회사'라는 이미지를 갖는 것과 같다. 즉, 에피소드를 '3가지 이상' 포함시키면 감정을 공유하기 쉬워진다는 것이다.

이야기가 서툰 사람

이야기를 재미있게 하는 사람과 재미없게 하는 사람의 차이는 어디에 있을까? 서점에는 '화법'에 관한 책이 많이 나와 있다. 그만큼 많은 사람들이 '화법'을 연마하기를 원하는 것이다. 그러나 나는 이야기를 재미없게 하는 사람은 '이야기하는 힘'이 없다기보다는 에피소드가 적다고 생각한다. 즉, '체험이 적은 것'이다.

경험한 바가 없으니 할 이야기가 없는 것이다.

하이킹을 가는 것도 좋고, 책을 읽거나 영화를 보는 것도 좋고, 새로운 카페에 가는 것도 좋다. 요컨대 '지금까지 체험하지 못한 일'을 체험하는 것이 중요하다. 체험을 하지 않으면 에피소드는 늘지 않는다. 일상생활 속에서 체험을 늘려 '이야깃거리'를 늘리는 것이 중요하다.

정말로 굉장한 체험, 예를 들면 유명인과 우연히 엘리베이터를 함께 타게 되었는데 말을 걸어와서 그 다음에 차를 마시고 연락처도 주고받은 경험이 있다면, 누구든지 흥미진진하게 전할 수 있지 않을까?

그런 의미에서 책은 많은 도움이 된다. 마르지 않는 샘처럼 이야깃거리를 만들 수 있고, 직접 경험하기 어려운 다양한 경험을 하게 할 뿐만 아니라, 어떤 주제에 어떤 에피소드가 적절한지도 알게 해준다. 따라서 평소 책을 읽을 때에는 인용할 만한 내용이 나오면 따로 메모를 해두는 습관을 들이는 것이 좋다. 그래서 유명한 연설가들이나 매일 설교를 해야 하는 종교지도자들은 언제든 사용할 수 있는 에피소드 모음집을 만들어둔다.

이야기가 재미있는 사람

논리적으로 옳고 학문적으로 엄정하지만 따분하기 그지없는 이야기도 재미있게 하는 사람이 있다. 또 누구나 다 아는 이야기를 하면서도 듣는 사람으로부터 "맞아, 바로 그거야"라며 공감을 불러일으키는 사람이 있다. 이들의 공통점은 에피소드가 풍부하다는 것이다. 그래서 이들의 이야기는 저절로 재미있어진다.

THE POWER OF INVOLVING

공감을 끌어내는 듣기

마음을 헤아리고 질문한다

　지금까지 우리는 '끌어들이는 힘'을 익히기 위해 상대에게 자신의 생각이나 마음을 전달하는 요령에 대해서 이야기했다. 그러나 일방적으로 전하기만 하는 사람이 되어서는 안 된다. 주변 사람의 이야기나 생각을 듣고 공감하는 것도 중요하다.

　사람은 누구나 상대방이 자신의 이야기를 들어주기를 바란다. 그리고 자신의 이야기에 귀 기울이는 사람을 만나면 '나를 이해해주고 있다'고 생각하게 되고, 차츰 그를 신뢰하기 시작한다.

　공감은 누구에게나 매우 기분 좋은 일이다. 많은 사람과 공감할 수 있다면 많은 사람에게 신뢰받게 된다. 그런 '공감의 달인'이 되려면 상대의 '이야기를 끌어내는 힘'도 중요하다.

무엇보다 먼저 귀 기울여 들어야 한다. 그리고 적당한 대답이나 질문으로 이야기하는 사람이 더 많이, 더 잘 이야기하도록 유도한다. 에피소드가 언급되지 않는다면 더 많은 것을 공감하기 위해 에피소드를 끌어내는 것도 좋은 방법이다.

에피소드를 끌어내는 포인트는, 말하는 사람의 사고방식이나 시점, 착안점 등이 '어떠한 에피소드에 의해 만들어졌는지' 혹은 '과거에 그러한 경험을 한 적이 있는지'를 묻는 것이다.

예컨대, A라는 사람이 "인간은 어차피 혼자서 살아가는 법. 그러니까 친구는 필요 없다"라고 말했고, 그에 대해 당신은 '그렇지 않다'고 생각하고 있다고 하자. 이때 "아니야, 당신이 틀렸어. 친구는 필요해!"라는 단락적인 반론으로는 A의 마음을 바꿀 수 없다. A에게 '친구의 소중함'을 전하기 위해서는 "어째서 당신은 친구가 필요 없다고 생각하게 되었는가?" 혹은 "그런 생각을 하게 된 계기나 경험이 있는가?"를 질문해서, 그 배경부터 헤아리는 것이 중요하다.

그리고 A에게 '사실은 어떻게 하고 싶은지'를 물어보자. 왜냐하면 정말로 친구가 필요 없다고 생각했다면 애초에 그런 고민도 하지 않았을 것이기 때문이다. 고민하고 있다는 것은 '사실은 친구를 갖고 싶기' 때문인데, 그것이 잘 되지 않으니까 자조하는 마음에서 '친구는 필요 없다'는 결론을 내리려는 것이다. 따라서 다른 사람의 말을 들을 때에는 정말로 하고 싶은 일에 초점을 맞추어 귀를 기울이는 것이 필요하다.

사람은 감정으로 의사를 결정한다. 따라서 의사결정을 공유하기 위해서는 '공감'이라는 상태를 만들 수 있는지 없는지가 매우 중요하다. 트위터나 페이스북 같은 SNS를 사용하는 사람들은 실감하겠지만, 비난이나 무시하는 말 이상으로 공감의 말은 무서운 속도로 확대된다. 그러나 무시와 비난과는 달리 공감은 범위가 확대되면 좋은 영향을 준다. 당신도 공감의 달인이 되기를 바란다.

부정적인 에피소드

앞에서 말한 것처럼, 동기에는 애정동기와 불안동기가 있다. 상대의 이야기가 부정적인 경우, 그 배경에는 불안동기가 있는 경우가 많다. 예컨대, 말하는 사람이 다음과 같은 불만을 토로했다고 하자.

"내 상사는 입에 발린 말만 하는 사람이야. 아무것도 하지 않으면서 다른 사람에 대한 불평만 늘여놓는단 말이야. 비평만 하는 것이라면 누구나 할 수 있지. 그 사람한테는 우리 과를 짊어진다는 책임감이나 기개 같은 게 보이지 않아. 지난번에도 이런 일이…….”

이때 당신의 '공감방법'에 따라서 말하는 사람의 이후 행동이 달라진다. 말하는 사람이 불안동기에서 비롯된 이야기를 입 밖으로 꺼낼 때, 듣는 사람이 해서는 안 되는 것은 '동조'이다. 예컨대 이런 식으로 반응하는 것이다.

"알아, 알아. 그런 상사는 최악이야. 우리 과에도 있어.”

이렇게 대답하면 두 사람 모두 부정적인 사고에 사로잡히고 만다. 그러면 한순간 속은 후련해질지 몰라도 그것으로 해결되는 것은 없다. 오히려 사태는 악화되기만 한다. 그렇다고 상대의 의견을 부정해버려서도 안 된다. 그러면 두 사람의 관계가 악화되기 십상이다. 그럼 어떻게 하면 좋을까?

상대가 부정적인 발언을 할 때에는 받아들이지 말고 '받아두기'를 하다. 대부분 '불안동기'의 이면에는 '애정동기'가 숨어 있다. 상대의 불만이 크면 클수록 큰 애정이 숨어 있다고 봐도 틀리지 않는다. 연애도 그렇다. 아주 좋아하기 때문에 걱정도 하고 낙담도 한다. 따라서 이런 경우 '불안동기를 받아두고, 애정동기로 만들어서 돌려준다'면 이후 말하는 사람은 강한 애정동기로 이야기하기 시작한다. 예를 들면, 이런 식이다.

- 받아두기

"그렇군. 회사나 상사에 대해 불만을 갖고 있군."

- 부정동기를 애정동기로 바꾸기

"하지만 그런 생각을 하는 것은 회사를 그만큼 중요하게 생각하기 때문이지. 좋아해서 그런 거야. 정말로 싫다면 자네는 그만두었겠지. 그렇게 하지 않고 '어떻게든 하고 싶다'고 생각하는 것은 분명히 회사를 좋아하기 때문이야."

여기에서 중요한 것은 "그러면 어떻게 하면 좋을까?"를 묻는 것이다. 그리고 이런 질문은 불안을 받아두고 애정동기로 전환할 수 있기 때문에 가능하다.

- '그러면?'이라고 질문하기

"그만큼 회사를 중요하다고 생각한다면, 그러면 어떻게 하면 좋겠어?"

'그러면?'이라고 질문을 던짐으로써 '행동해야만 하는 답'이 명확해진다. 그러면 상대방은 "항상 진행상황을 상사에게 전달해서 계속 확인을 받으면 된다"든지 "정보를 공유해 사원 모두가 따를 수 있도록 제안해보겠다"는 식으로 '애정동기에 의한 행동'을 발상하기 시작한다.

받아두기 요령

상대방의 이야기를 받아두는 요령은 간단하다. 받아두기에 기본적으로 필요한 말, '그렇구나'를 시용하면 된다.

"내 상사는 입에 발린 말만 하는 사람이야."
"그렇구나."
"자신은 아무것도 하지 않으면서 다른 사람에 대해 불평만 늘여놓는단 말이야."
"그렇구나."
"비평만 하는 거라면 누구라도 할 수 있어. 그 사람한테는 우리 과를 짊어진다는 책임감이나 기개 같은 게 보이지 않아."

"그렇구나."

이렇게 '그렇구나'를 사용해 상대의 말을 받아두는 것은 대화에서 상당히 중요하다. 그 말에 동의나 반대하지 않으면서 상대의 감정을 이해한다는 의사를 전달할 수 있기 때문이다. 다시 말해, 공감을 표하는 것이다.

'그렇구나'와 비슷한 말로 '그렇지'가 있는데, 이것은 기본적으로 '상대에 대한 동의'를 포함하는 말이다. 즉, '받아들였다'는 의사표시가 된다. '그렇지'를 사용하면 공감도는 더 높아지지만, 그 다음에 '그렇지, 나도……'라고 자신의 에피소드를 이야기하게 되어 상대의 에피소드를 끌어내는 데 집중할 수 없다. 특히 상대의 이야기를 이해하고 받아들인다면 '그렇지'를 사용할 수 있지만, 이해할 수 없거나 받아들일 수 없는 내용이라면 '그렇구나'로 받아두기만 한다.

만약 두 사람이 불고기를 먹으러 갔는데, 상대가 "불고기는 바짝 구워 살짝 탄 느낌이 날 때 먹는 것이 제일 맛있어"라고 말할 때, "그렇지"라고는 말할 수 없지만 최소한 "그렇구나"라고는 할 수 있다. "그렇구나. 그런 의견도 있을 수 있겠네"라는 대답은 좋고 싫음이나 옳고 그름의 판단을 포함하지 않는다. 그러므로 상대의 의견이 자신과는 달라도 '그렇구나'라고 말할 수 있다.

이 작은 말의 차이가 큰 차이를 낳는다. 공감은 유지하면서 부정적인 상황에 끌려가지 않을 수 있다. 게다가 불안동기에서 비롯된 이야기를 애정동기로 바꾸는 시도를 한다면, 당신이나 당신 주변의 모든 사람들이 늘 긍적적인 상황을 끌어들이게 될 것이다. 이러한 대화가 반복되면 당신과 당신 주변이 서서히 그리고 확실하게 바뀌어갈 것이다.

Practice List

'끌어들이는 힘'을 키우는 실행 리스트

- 혼자 할 수 있는 일에는 한계가 있다. 꿈을 이루기 위해 '공감'하는 힘과 '공유'하는 힘이 필요하다.
- 전하고 싶은 메시지가 있을 때는 다양하고 풍부한 '에피소드'를 이용하자.
- 꿈은 싸안고 있다고 해서 이루어지지 않는다. 자꾸자꾸 다른 사람에게 말하자.
- '화법'을 갈고 닦기보다 경험을 늘려 에피소드를 늘리는 것이 더 효과적이다.
- 하나의 메시지를 전하기 위해 3가지 이상의 에피소드를 준비해두자.
- 메시지를 능숙하게 전하기 위해서라도 먼저 듣는 기술부터 익히자.

- 들을 때는 상대의 에피소드를 이끌어내도록 노력하자.
- 상대의 푸념에는 동의하지 말고 일단 받아두고, "그러면 어떻게 할까?"를 생각하게 하자.

06

배우는 힘
The Power of Studing

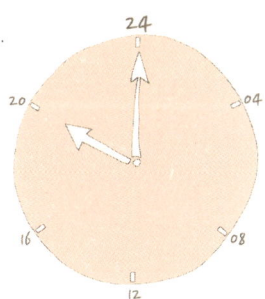

Introduction 다른 사람의 지혜를 장착하라

20:00 나만의 컨설턴트

21:00 습관화 상태

22:00 기억력을 높이는 방법

23:00 배움을 확대 재생산하는 방법

Practice List '배우는 힘'을 키우는 실행 리스트

Introduction

다른 사람의 지혜를 장착하라

자, 드디어 마지막 장이다. 이 장에서 우리가 나눌 이야기는 '배우는 힘'에 대한 것이다.

지난 20시간 동안, 스스로에게 질문을 던져서 답을 내고, 다시 생각하고, 결단을 내리고, 행동으로 옮기고, 주변을 끌어들이는 요령도 익힌 당신은 이미 상당한 변화를 이루고 있을 것이다. 여기에서 좀 더 높은 곳으로 오를 수 있는지 없는지는 '배우는 힘'에 달려 있다.

역사상 가장 창의적인 경영자로 알려진 스티브 잡스는 널리 알려진 바와 같이 독서광이었다. 그는 수많은 책을 통해 얻은 지식과 경험을 바탕으로 수많은 창조적인 상품들을 개발했다.

공부는 새로운 정보나 지식을 습득하는 것만을 가리키는 것은 아니다. 기존에 알고 있는 것에 대해 비판적으로 검토하는 것도 포함한다. 지금까지 습관적으로 수행했던 업무나 사고를 비판적으로 검토하는 일은, 매너리즘에 빠지거나 늘 같은 방식으로 해나가는 일을 돌이켜보게 할 뿐만 아니라, 새로운 방식을 찾게 만든다.

공부는 인생에서 시시각각으로 일어나는 각종 문제를 해결하는 능력과도 직결된다. 우리의 삶은 규정할 수 없는 수많은 문제의 연속이고, 이러한 문제를 풀어가는 과정이기에, '인생은 공부의 연속'이라는 말도 있다.

그런데 이러한 문제 하나하나를 해결하는 방법들을 다 배울 수는 없다. 꾸준한 학습과 독서하는 생활 속에서 문제를 해결하는 원리나 원칙을 스스로 획득하게 되는 것이다. 그리고 그 원리에서 새로운 아이디어나 창조적인 기술이 개발되기도 한다.

날마다 성장해 자기변혁을 이루는 사람들의 특징은 '주변으로부터 많은 것을 받아들인다'는 것이다. 현재의 자신에게 만족하지 않고, 거만하지 않으며 다른 사람으로부터 겸허하게 배운다.

포드 자동차의 창설자 헨리 포드는 이렇게 말했다

"20세든 80세든 배움을 그만둔 사람은 노인이다. 계속해서 배우는 사람은 모두 젊다. 인생에 있어서 가장 소중한 일은 머리를 젊게 유지하는 것이다."

배움은 계속 성장하게 한다. 그리고 배움을 그만둘 때 사람은 '늙기' 시작한다. 그러나 여기서 내가 말하는 '배우기'는 '학교 공부'와는 다른 것이다. 그저 지식을 채워넣는 것은 의미가 없다. 그 지식을 스스로에게 가치 있는 것으로 바꾸어 '자기 것'으로 만들지 않으면 아무 의미가 없다.

이번 장에서는 정보를 가치로 바꾸어 날마다 행동으로 마무리해가는 방법에 대해 알아보자.

나만의 컨설턴트

책에 질문하기

　배움의 기본은 '독서'이지만, 막연히 읽기만 해서는 스스로를 조금도 바꿀 수 없다. 책에서 읽은 내용을 '내 것'으로 만들기 위해 내가 하고 있는 방법을 소개하겠다. 말하자면 책 한 권을 나만의 컨설턴트로 바꾸는 방법이다.

　우선 책을 읽을 때, '저자와 대화하는 형식'을 만들어내기 위해서 '질문 던지기 리스트'를 만든다. 예를 들면, 세스 고딘[Seth Godin]의 ≪보랏빛 소가 온다≫의 내용을 '내 것'으로 만들고 싶다면 그저 읽기만 해서는 안 된다. 거기에 쓰인 마케팅의 요점을 '질문 던지기 리스트'로 만들어서 '일상적으로 사용할 수 있는 툴'로 마무리한다.

'상대방에게 집중하라'고 쓰여 있다면 내게 상대는 누구인지를 묻는다. 마찬가지로 '틈새에 집중하라'고 쓰여 있다면 내게 '틈새 시장이란?'을 묻고, '입소문을 내는 스니저에 집중하라'고 한다면 '스니저란?' 하고 물어가는 식이다.

또 '선택한 고객에게만 상품을 제공하라'고 적혀 있다면 '선택한 고객에게만 상품을 제공하고 있는가?'라고 질문하고, 그대로 하고 있거나 할 수 있다면 'O', 할 수 없다면 '×'로 표시한다.

저자가 당신의 컨설턴트가 된다

나는 ≪보랏빛 소가 온다≫를 읽으면서 115개의 질문을 만들었는데, 이것을 목록으로 작성해 자문자답할 수 있도록 해두었다. 이렇게 하면 저자인 세스 고딘을 '컨설턴트로 고용하는' 것과 같은 효과를 볼 수 있다.

그리고 O표가 붙은 곳은 세스 고딘이 말하는 마케팅의 조건을 충족하고 있음을 확인하고, ×표가 붙은 항목은 충족하지 못하기 때문에 '그러면 어떻게 하면 O표가 될까?'를 질문해서 해결책을 생각한다.

책을 읽을 때는 '그런가, 이렇게 하는 것인가?'라는 식으로 내용을 따라가는 것이 아니라 '그러면 그러기 위해서는 어떻게 하면 좋은가?'라는 질문을 던져 배운다. 단 한 권의 책이라도 '질문 던지기 리스트'를 만들어서 대답해가면 자신을 변혁시키는 발상이 저절로 생긴다.

책을 나만의 컨설턴트로 만드는 방법

책을 읽는 것으로 만족하는가? 책을 당신만의 컨설턴트로 만들면 그저 읽는 것으로는 상상하기 힘든 가치를 만들 수 있다. 방법은 간단하다. 책을 읽으면서 '질문 던지기 리스트'를 만들고 답을 하면 된다.

습관화 상태

할 수 없는 일

　'알고 있다'고 해서 '할 수 있다'는 것은 아니다. 행동은 아는 데에서 시작되지만, 아는 것이 모두 행동으로 이어지지는 않기 때문이다. 그러나 많은 사람들이 알고 있는 것을 할 수 있는 것으로 착각한다. 어쩌면 '하면 할 수 있다'고 생각하는지도 모른다. 실제로는 하고 있지 않으면서 말이다. 물론 이런 식으로는 성장도 없다.

　예를 들면, 세미나에서 '수긍하는 것의 중요성'에 대해 들었다고 하자. 그러면 '그렇군, 수긍하는 게 중요하군' 하면서 배우지만, 그렇다고 해서 체득되는 것은 아니다. 무엇보다 자신이 '수긍하기'를 할 수 있는지 없는지 되돌아보지 않으면 안 된다.

'수긍하는 것의 중요성'을 배우고 비로소 '자신이 수긍하고 있는지 어떤지'를 자문하는 데까지 나아갔다면 일단은 성공한 것이다. 그 다음은 평소에 '수긍하기'를 의식하는 것이다.

중요한 일은 간결한 것이 많다. '인사는 중요하다', '푸념을 해서는 안 된다', '상대의 입장에서 이야기한다' 등등 조금만 생각해보면 알 만한 것들이다. 그러나 '알고 있는 것'과 '할 수 있는 일'은 다르다. 할 수 없다는 것은 아는 게 아니다.

의식하면 가능한 상태

할 수 있다고 믿는 사람은 많은 경우, 다른 사람으로부터의 피드백을 받은 후에야 자신이 할 수 없다는 것을 비로소 깨닫는다. 예컨대, 수긍하는 것이 중요하다는 것을 알고 있다고 해도, 주변에서 "말을 해도 전혀 수긍하지 못한다"는 지적을 받고서야 깨닫는 경우이다.

'할 수 없는 일'을 알고 나면 의식하게 된다. 그리고 '의식하면 가능한 상태'를 계속 유지할 수 있다. 또 수긍해야겠다고 의식하고 수긍할 수 있다는 마음 상태가 계속되어야 수긍이 훈련된다.

이런 과정이 반복되면 수긍은 습관이 된다. 즉, '수긍하자'는 의식을 계속 가짐으로써 서서히 체득으로 이어진다는 것이다. 따라서 우선은 할 수 없는 일을 자각하고, '의식하면 가능한 상태'로 나아가는 것, 이것이 학습의 첫걸음이다.

습관으로 만들기

계속해서 수긍하기를 예로 들어보겠다. '의식하면 수긍할 수 있는 상태'를 계속 유지할 수 있고, 그렇게 해서 '수긍하기'를 체득할 수 있다. 그러면 의식하지 않아도 가능해지는 단계에 이르게 된다. 예컨대, 일류 프로야구의 선수들은 압도적인 훈련시간을 거친 끝에 '무의식적으로 경기하는 단계'에 도달한 사람들이다. '그립은 이렇게, 스탠스는 이렇게, 체중을 받치는 다리에 몸무게를 싣는 느낌으로, 스윙은 레벨 스윙이 기본이지만, 변화구일 때는 이렇게 하고……'라고 공 하나하나를 확인하지 않아도 투수가 던진 공에 따라 가장 적절한 스윙을 '무의식'으로 선택하게 된다.

의식하지 않아도 할 수 있는 수준이 된다는 것은 당신이 한 단계 성장했음을 의미한다. 어떤 일이든 처음에는 의식하지 않으면 할 수 없다. 하지만 의식하면 가능한 상태로 나아가게 되고, 그것을 습관화하면 무의식적으로도 가능한 단계로 나아가게 된다. 그렇게 해서 사람은 점점 성장하고 변화해간다.

Key Point

새로운 사실을 알게 될 때

책을 읽거나 세미나를 들어 새로운 사실을 알게 될 때, 대부분의 사람들은 지식을 얻은 것에 만족한다. 하지만 변화 프로젝트를 진행하고 있는 당신은 다르다. 습관적으로 할 수 있을 때까지 의식하고 바꾸어간다.

"아, 그렇군. 나도 해보자!"

"아하, 그렇게 하기로 했었지! 잊지 말자!"

기억력을 높이는 방법

기억력의 차이

배움의 본질은 기억에 있는 것이 아니다. 결국 중요한 것은 배운 내용을 '어떻게 활용하는가?'이다. 하지만 기억하기 때문에 활용할 수 있다고도 말할 수 있다. 학생이라면 기억을 묻는 시험을 치러야 하므로 말할 것도 없고, 비즈니스맨이라도 업계에서 필요한 최소한의 상식이나 숫자 등은 기억해두는 것이 좋다. 아무튼 우선은 배운 것을 기억해야 한다. 여기에서는 내가 실천해 온 기어 방법에 대해 설명하겠다.

기억의 정도는 감정의 움직임과 밀접한 관계가 있다. 예컨대, '즐겁다'는 감정이 동반되면 기억에 남기 쉽다. 공부를 싫어해 사회과목 용어나 영어 단어는 외우지 못하지만, 포켓몬스터의 개

릭터들은 죄다 꿰고 있는 초등학생도 있다. 프랑스어를 전혀 모르는 사람인데도 와인에 대한 용어는 전문가 못지않게 알고 있는 사람도 있다.

감정이 크게 움직이는 경험을 하면, 그 경험이 한 번뿐이라고 해도 오래도록 기억하게 된다. 굿바이 홈런을 친 날의 일, 대학에 합격한 날의 일, 볼링에서 250점을 냈던 날의 일, 결혼식에 관한 일, 아이가 태어난 날에 관한 기억은 평생 잊지 않는다. 따라서 기억력을 높이기 위해서는 즐거운 감정을 불러일으키는 것이 중요하다. 혹은 기억함으로써 즐거운 일이 생긴다는 것을 의식하는 것도 방법이다. 그러면 감정이 높아지므로 기억력이 좋아진다.

기억력을 높이는 방법

이전에 읽은 책의 내용이 기억나지 않아 그 책을 다시 펼친 적이 있는가? 그때 당신은 바로 책장을 넘겼는가? 아마도 그랬을 것이다. 대부분의 사람들이 그렇게 한다. 하지만 그래서는 좀처럼 기억이 정착되지 않는다. 이런 경우, 다시 보기 전에 '상기'하는 과정을 거치는 것이 기억력을 높이는 요령이다.

상기란 '떠올리기'다. 다시 읽기 전에 '이 장에 무엇이 적혀 있었나?' 등을 떠올리는 훈련을 하는 것이다. 그러면 대부분 아주 적은 부분이나마 기억이 나고, 바로 그 부분에서 기억을 확장해 나가면 상당부분 기억이 되살아난다. 이런 상태에서 책을 다시 읽는다면, 그 기억은 분명 오래갈 것이다.

물론 전혀 생각이 나지 않는 경우도 있다. 하지만 그렇다고 해도 상기의 과정을 거치는 것이 좋다. 감정을 움직여서 다시 읽을 때 더 많이 기억하게 만들기 때문이다. 생각해낼 수 있어서 기쁜 마음이 들 때에도, 생각해내지 못해서 분한 기분이 싹틀 때에도, 감정이 움직이기 때문에 압도적으로 기억력이 높아진다. 모르니까 혹은 기억이 나지 않으니까 답답한 마음에 바로 답을 보지 말고, 그 전에 조금이라도 생각해내려고 노력하는 것이 중요하다.

문자 정보를 영상화한다

잘 아는 바와 같이, 문자보다 '영상'이 더 기억하기 쉽다. 문자 데이터의 경우, 예컨대 노작한 메일을 그대로 기억하기란 쉽지 않다. 일언일구 틀리지 않고 그대로 기억하는 것은 더더욱 어렵다. 불과 수 킬로바이트에 불과한 양이라 해도 그렇다.

그럼 영상 데이터는 어떨까? 영상 데이터는 수 테라바이트나 되는 방대한 양이라 해도 기억할 수 있다. 예를 들면, 무심코 텔레비전을 보다가 CM송을 듣는 순간, '아, 아마겟돈이다'라고 아는 것은 기억되어 있는 방대한 영상 데이터를 검색해서 일치하는 '아마겟돈의 영상'을 순간적으로 꺼냈기 때문이다. 우리가 가진 이 기억기능과 검색기능은 컴퓨터 이상이다.

따라서 '문자 데이터를 영상화'하면 기억력은 폭발적으로 늘릴 수 있다. 페이지당 1~2초로 책장을 팔랑팔랑 넘길 때, '왠지 암기하고 있다'는 느낌이 드는 것은 영상 데이터를 기억하는 뇌의 기능이 관여하기 때문이다. 예를 들어, 리더십 이론 책에 '목표를 발견하면 마지막까지 단념하지 않는 것이 중요하다'고 쓰여 있다면 '단념하지 않고 노력하는 나'를 상상해본다. 그러면 그 상상이 영상 데이터가 되어 책의 내용과 함께 기억에 남게 되고, 나아가서는 현실화하기도 쉬워진다.

물론 그 책의 한 글자, 한 구절까지 다 기억할 수는 없다. 그러나 영상화함으로써 내용이 오랫동안 기억에 남게 된다. 이제부터 정보를 영상화하여 기억하는 것을 의식해보자.

정보를 받아들일 때

암기를 할 때에는 그저 보고 또 보는 것만으로는 효과적이지 않다. 이미 읽은 내용을 잊어버렸을 때에는 다시 읽기 전에 내용을 상기하는 과정을 거치고 책을 펼친다.

정보를 받아들일 때에는 인풋하려고만 해서는 별 소용이 없다. 정보를 더욱 명료하게 하기 위해서는 영상화해야 한다.

배움을 확대 재생산하는 방법

자기변화 사이클

지금까지 나는 질문하기, 생각하기, 결단하기, 실행하기, 끌어들이기, 배우기 순으로 이야기를 진행해왔는데, 이 '성장 사이클'은 사이클이라는 이름 그대로 순환한다. 배우는 것에서 다시 '질문하기'가 생겨나고, 그 질문하기에서 다시 한 번 자기개혁이 시작되는 것이다. 그리고 이 사이클을 얼마나 빨리 돌릴 수 있는가에 따라서 성장속도가 달라진다.

이 책은 24시간 만에 자신을 바꾸는 방법으로서 각각의 테마에 4시간씩 분배하여 소개해왔다. 이제 이 6가지를 가능하면 빨리 회전시키는 데에 주력하자.

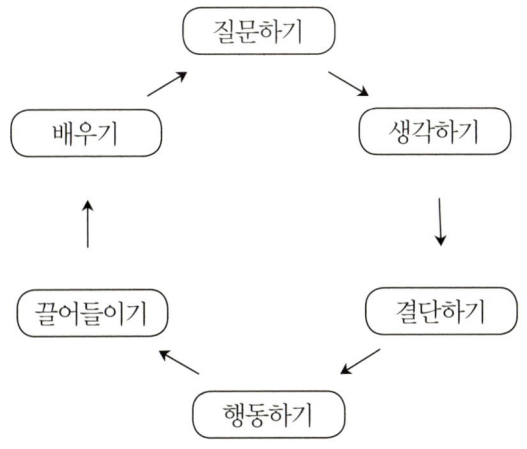

　'성장한 자신'을 확인하고 '배우기'에 시간과 노력을 투자하면, 거기에서 다시 새로운 질문이 생기고 생각하고…… 이런 식으로 순환한다. 성장을 이루면 다시 한 번 '배우기'에 투자하여 '확대재생산'을 하는 것이다. 그러면 당신은 성장의 소용돌이에 들어갈 수 있을 것이다.

　이것으로 나의 성장방법 소개를 마치겠다. 앞으로는 여러분이 스스로 '질문하기'를 찾아내고 성장을 계속해서 변화를 거듭하기를 기원한다.

　건투를 빈다.

Practice List

'배우는 힘'을 키우는 실행 리스트

- '배우기'는 '공부'와 다르다. 지식을 가치로 바꾸는 일이다. 배우기를 멈추지 말자.
- 책 한 권을 나만의 컨설턴트로 만들기 위해 '질문 던지기 리스트'를 작성하자.
- 아는 것을 모두 할 수 있다고 생각하지 말자. '자기가 할 수 없는 일'을 명확히 하자.
- 최종적으로는 의식하지 않고도 습관적으로 하게 되는 것이 최선임을 깨닫자.
- 무엇인가를 기억할 때는 즐거운 감정과 함께 기억하자.
- 다시 공부하기 전에 상기하는 과정을 거쳐 기억력을 높이자.
- 책의 내용을 문자로 기억하는 것이 아니라 영상화하여 순간적으로 기억하자.

- '배우는 힘'을 익혔다면, 새로운 '질문하기'를 만들어내어 성장 사이클을 돌리자.

이제 새로운 24시간이 시작된다.

어제와는 다른 당신과 만날 시간이다.

Epilogue

갈고 닦으면 누구나 빛난다

사람은 갈고 닦으면 누구나 반드시 빛이 난다. 나는 그렇게 믿는다. 아무리 뛰어난 가능성이 있어도 갈고 닦지 않으면 길거리에 아무렇게나 굴러다니는 '돌'과 같다. 또 아무리 스스로를 돌처럼 하찮게 느끼는 사람이라 해도 갈고 닦으면 누구나 빛을 발하는 보석이 될 수 있다. 자신이라는 '가능성의 원석'을 진지하게 갈고 닦는다면 반드시 빛을 발하는 법이다.

성장으로 희망을 이루어왔다

고등학교에 다닐 때까지 나는 이른바 '낙오자'였다. 선생님들께 언제나 '산만하고 집중력이 떨어진다'는 말을 들었고, 계속해서 장시간 같은 일을 계속하기가 힘들었다. 그러다가 집중이 가능해진 배경에는 뭔가 커다란 계기가 있었던 것은 아니다. 어느 순간 '뭔가를 하고 싶다'는 생각이 들었고, 그때부터 나는 그 약점을 보완할 방법을 연구하기 시작했다. 즉, '집중력을 높여서 단기간에 최고의 성과를 이루는 방법'을 말이다.

그때 이후 나는 어떻게 공부해야 가능한 한 단기간에 성과를 낼 수 있는지, 스스로 반복해서 검증하고 피드백하면서 능력을 높이는 기술을 개발해왔다. 덕분에 스스로도 놀랄 만한 집중력을 발휘할 수 있게 되었고, 재수하던 해의 가을부터 시작해서 **불과 4개월 동안 공부했는데도 요코하마 국립대학에 합격**할 수 있었다.

대학 입학이 내 목표는 아니었으므로, 그 후에도 나는

뇌과학과 인지심리학을 발판으로 삼아 꾸준히 공부했을 뿐만 아니라, 리더십이나 커뮤니케이션, 사고력이나 결단력 등 폭넓은 분야에서 능력개발 방법을 계속해서 탐구했다.

그리고 지금은 그러한 경험 속에서 얻은 노하우를 활용해 사람들이 저마다 가진 능력을 최대한으로 끌어내는 데 도움을 주는 퍼텐셜 트레이너Potential trainer로 활동하고 있으며, 연수나 강연회가 호평을 받는 가운데 연간 약 300회, 수강자는 연간 약 1만 명, 누계 수강자는 4만 5,000명을 넘어섰다.

교환은 없다

 당연한 말이지만, 당신은 현재의 몸과 머리로 평생을 보내야 한다. 교환이란 있을 수 없다. 그 몸과 머리는 '죽을 때까지 동반하는 것'이다. 따라서 지금의 몸과 머리를 120퍼센트 활용하는 것이 중요하다. 주어진 능력을 120퍼센트 사용하는 것이 그 능력을 부여받은 사람의 의무이기도 하다.

 거울 앞에 서보라. 거울에 비친 모습, 그것이 지금의 당신이다. 그 몸과 머리를 사용해서 무엇을 할 수 있을까? 당신의 잠재능력을 최대한으로 발휘한다면 엄청난 일을 할 수 있다는 느낌이 들지 않는가? 적어도 나는 당신의 가능성이 꽃을 피운다면 굉장한 일을 할 수 있으리라고 확신한다.

　나도 고등학교까지는 그저 '집중력이 떨어지는 학생'이었을 뿐이다. 그러나 자신을 갈고 닦아 스스로 성장시킴으로써 대학에도 합격하였고, 보람 있는 일을 할 수 있게 되었다. 지금은 두근거리는 감동이 가득한 하루하루를 보내고, 새로운 하루가 시작되기를 몹시도 기다린다.

　다가오는 시대는 점점 더 어려워질 것이라고 한다. 그렇다고 침울해할 일도 아니고, 불안하게 생각할 필요도 없다. 당신이 '스스로 성장해 나갈 수 있는 사람'이라면 생각대로 살아갈 것이며, 또한 언제나 활약할 수 있는 시대일 테니까. 그때에 이 책이 당신 곁에 있다면 저자로서 더할 나위 없이 기쁠 것이다.

　마지막으로 이런 말을 하고 싶다.

"인생에 있어서 '성공'은 약속되어 있지 않다.
그러나 '성장'은 약속되어 있다."

— 타사카 히로시, ≪미래를 개척하는 여러분께≫에서

변화의 힘

나를 변화시키는 데 24시간이면 충분하다

2015년 4월 1일 초판 1쇄 인쇄
2015년 4월 5일 초판 1쇄 발행

지은이 | 이쿠타 토모히사
옮긴이 | 차경숙

펴낸이 | 김태화
펴낸곳 | 파라북스
기획·편집 | 전지영
마케팅 | 박경만

등록번호 | 제313-2004-000003호
등록일자 | 2004년 1월 7일
주소 | 서울 특별시 마포구 월드컵북로 6길 93 (연남동) 301호
전화 | 02) 322-5353   팩스 | 02) 334-0748

ISBN 978-89-93212-67-9 (13320)

*이책은 ≪인생을 변화시키는 기적의 24시간≫의 개정증보판입니다.
*값은 표지 뒷면에 있습니다.